O GRITO DA IPIRANGA

Copyright © 2025 **Luiz Nascimento**

Direção editorial: **Bruno Thys** e **Luiz André Alzer**

Coordenação: **Glauco de Kruse Villas Bôas, Regina Marques** e **Arnaldo Galeno**

Projeto gráfico, capa e diagramação: **Renata Maneschy**

Revisão: **Regina Marques**

Imagens: **Acervos pessoais, Evandro Teixeira/Acervo IMS** (foto maior pág. 69 e foto maior págs. 70/71), **Kaoru Higuchi/Arquivo JB** (foto menor pág. 70) e **Memórias Reveladas** (reprodução maior pág. 136)

Foto do autor: **Daniel Mattar**

Tratamento de imagens: **Sidnei Salles**

Todos os esforços foram feitos para creditar devidamente os detentores dos direitos das imagens utilizadas neste livro. Eventuais omissões de crédito não são intencionais e serão corrigidas nas próximas edições, bastando que os autores contatem os editores no e-mail contato@maquinadelivros.com.br.

Dados Internacionais de Catalogação na Publicação (CIP)
(eDOC BRASIL, Belo Horizonte/MG)

N244g Nascimento, Luiz.
O grito da Ipiranga: Meio século de amizades, resistência e luta numa vila carioca / Luiz Nascimento. – Rio de Janeiro, RJ: Máquina de Livros, 2025.
240 p. : foto. ; 16 x 23 cm

ISBN: 978-65-86339-33-8

1. Ditadura – Brasil – História. 2. Governo militar – Brasil. 3. Brasil – Política e governo. I. Título.

CDD 981.063

Elaborado por Maurício Amormino Júnior – CRB6/2422

Grafia atualizada segundo o Acordo Ortográfico da Língua Portuguesa de 1990, em vigor no Brasil desde 2009.

1ª edição, 2025

Rua Francisco Serrador 90/902, Centro, Rio de Janeiro/RJ – CEP 20031-060
www.maquinadelivros.com.br

Luiz Nascimento

O GRITO DA IPIRANGA

Meio século de amizades, resistência e luta numa vila carioca

máquina de livros

A todos os que lutaram
– e àqueles que continuam lutando –
por um país mais justo, livre,
fraterno, soberano e democrático.

"O nosso caminho será coberto de suor, lágrimas e sangue.
Estão prontos para isso?
Avante, rumo a Aurocastro, no coração da Puglia.
Avante! Avante! Avante meus heróis!
Em marcha! Vá! Vá! Vá!"

Brancaleone da Nórcia

Alex

Aloisio

Amauri

Ana Maria

Bira

Bola

Calcara

Carlinhos

Duti

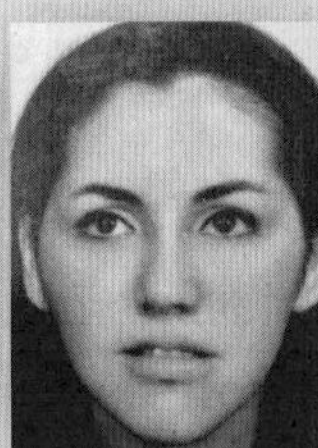
Fernanda

Fernando

Glastone

Ivone

A BRIGADA

João

Maria Alice Ramos

Miriam

Neném

Osíris

Paragua

Angela

Arnaldo

Beat

Belela

Beth

Carlos Eugênio

Carmen

Ceres

Chiquinha

Dica

Glauco

Gustavo

Iara

Isabel

Iuri

Juca

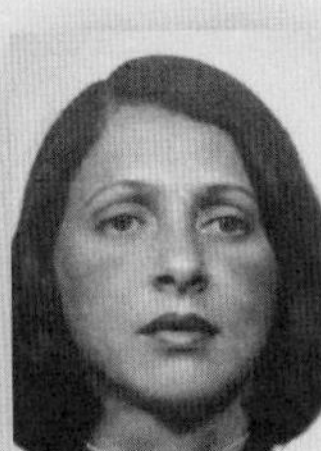
Leila

Leilinha

Léo

Maria Alice Genofre

Paulo Baía

Quelé

Regina

Serafim

Valério

APRESENTAÇÃO

Este projeto nasceu do grupo de WhatsApp criado em dezembro de 2015, com o nome de Incrível Exército de Brancaleone, uma alusão ao filme *L'Armata Brancaleone*, de 1966, dirigido por Mario Monicelli e com Vittorio Gassman no papel principal.

A comédia satírica, inspirada no livro de Cervantes *Dom Quixote de La Mancha*, apresenta os perigos enfrentados pelo capitão Brancaleone e seus homens, tais como a peste, a fome e a guerra com sarracenos, bizantinos e bárbaros na Idade Média, sob forte influência da Igreja Católica. L'Armata busca o que julga ser seu: o rico feudo de Aurocastro, na Puglia.

Contar a história desse grupo é contar histórias de amizades de mais de 50 anos a partir de um personagem central: a casa 4 de uma vila na rua chamada Ipiranga, bairro das Laranjeiras, Rio de Janeiro. Como se encontraram, como se deu o engajamento político ao longo de suas vidas, como se identificaram com as utopias quixotescas ou brancaleônicas e como percebem a realidade atual. Este era o desafio do projeto.

As histórias foram contadas, vividas e revividas por seus protagonistas, amigos inscritos no grupo de WhatsApp ou mesmo pelos amigos não inscritos, mas que tiveram suas memórias resgatadas e documentadas. Ou seja, todos os envolvidos nessa trajetória de 50 anos, personagens que construíram uma história em comum e que, depois de um longo hiato, se reencontraram para formar o grupo.

Julgo importante ressaltar que nem todos os 32 participantes do grupo Incrível Exército de Brancaleone quiseram ou puderam participar do processo de elaboração de um livro, por não querer se expor ou mesmo devido ao fato de que a revisão de suas vidas os levaria a remexer o passado, o que seria um processo doloroso.

O mundo em que vivemos atravessa um período de perplexidade diante de mudanças aceleradas, quase vertiginosas, rumo a um futuro desconhecido e incerto. Neste panorama de furor econômico-climático, contar histórias traz o alento de boas memórias e a perspectiva de futuro, da continuidade pelas novas gerações. Traz a sensação de identidade, de significado da poeira cósmica que somos. Compartilhar histórias de um grupo de amigos descrevendo sua trajetória de mais de meio século torna-se, portanto, um ato político, um ato de amor.

É o registro e a vivência de muitas emoções.

Glauco de Kruse Villas Bôas
Idealizador do projeto História do Incrível Exército de Brancaleone

SUMÁRIO

INTRODUÇÃO

O grito da Ipiranga não é apenas o clamor de um grupo de jovens durante meio século de sonhos não realizados e pesadelos insuportavelmente dolorosos. É um berro vibrante ao revelar planos, prazeres e desejos de uma juventude inquieta e solidária, amparada que foi por fortes laços de uma amizade que se mantém até hoje. Mas também soa desesperado e angustiante ao descrever os anos mais sombrios da história recente do Brasil. Um grito! Como se estivesse a sonorizar a famosa pintura do norueguês Edvard Munch. Mesmo sufocado, encontrou eco nas ruas e, em meio à tempestade, se fez ouvir ao anunciar com otimismo os bons ventos da esperança. Ela veio e concretizou-se, apesar das nuvens negras que não se dissiparam totalmente. Permanecem ameaçadoras no horizonte.

Ouvi atentamente cada palavra dos remanescentes do grupo, para relatar sua convivência de tempos passados. Foram períodos pontuados por momentos lúdicos e alegres, como as aventuras escoteiras, os desafios das montanhas, as festinhas e amores, mas também por sofrimento, dor, espanto, revolta e luta, diante de incontáveis perseguições, prisões, torturas e mortes.

São vozes dos hoje senhores e das hoje senhoras que ainda carregam no corpo e na alma feridas que não cicatrizam, sinais vivos de toda a crueldade sofrida e até hoje impune. Em nome do respeito a eles e elas e de sua segurança, algumas informações e situações foram suprimidas, porque a violência continua sendo um fantasma na vida de todos eles.

Apesar de tudo, essas mesmas vozes mantiveram vivo o espírito rebelde, utópico e jovial dessa turma e que transpus para o papel a partir dos relatos gravados no grupo de WhatsApp autointitulado Incrível Exército de Brancaleone.

O desafio partiu de um velho amigo, parceiro de trabalho no extinto *Diário de Notícias* (1972/1973) e colega de estudos desde o jardim de infância. E despertou em mim uma profunda frustração. Ao percorrer esse labirinto sonoro que surge com a formação do grupo escoteiro reunindo Glauco, os colegas de escola e os vizinhos Aloisio, Carlinhos e Arnaldo, me perguntei: por que eu, moleque, amigo e conhecido deles, não embarquei nessa corajosa aventura em nome de um ideal básico, vital e fundamental para todos nós?

Penso que folheando estas páginas você vai entender o meu sentimento. E talvez sinta o mesmo ao ouvir o grito da Ipiranga.

Luiz Nascimento

1.
GÊNESIS

A seleção brasileira já se preparava para conquistar, nos gramados do Chile, o bicampeonato mundial – o primeiro título viera na Suécia, em 1958. Em meio ao clima de ufanismo que anunciava o Brasil como o país do futebol, proclamava Pelé como rei e alardeava "com brasileiro não há quem possa", um bando de moleques sonhadores corria atrás de uma bola de borracha e esfolava os pés num tapete de paralelepípedos. No apito estridente, um major decidia os lances capitais da peleja. Numa caixa de pasta de dente simulando microfone de repórter de rádio, um outro vizinho, que a meninada chamava de "coronel", narrava aos gritos as jogadas inocentes dessa pelada carregada de simbolismo, na mais animada das muitas vilas de uma rua chamada Ipiranga.

Ypiranga. Em tupi-guarani, ypiranga significa rio vermelho, e assim os indígenas batizaram um córrego barrento que teria existido por ali e desaguava no Carioca, que corre até hoje pelos subterrâneos do bairro das Laranjeiras. Essa rua que leva tal nome – mudando-se apenas o Y pelo I – tem uma bonita história para contar: liga a Rua das Laranjeiras à Rua Paissandu e em seu trajeto, de cerca de 500 metros, há, por exemplo, um prédio enorme, imponente, dedicado à caridade. Nele funciona o Instituto João Alves Affonso, mantido por uma entidade de nome igualmente imponente, a Imperial Sociedade Amante da Instrução. Construído dois séculos atrás, o palacete passou a abrigar e educar meninas órfãs em 1886. Hoje é uma escola para crianças carentes. Conhecido na vizinhança apenas como "o asilo", tem uma capela onde, aos domingos, havia uma missa animada por uma banda de música. As beatas não gostavam muito da novidade, destinada a atrair os jovens para o catolicismo.

A Rua Ipiranga tem nobres vizinhos. Exemplos? O Palácio Guanabara, presente de casamento do imperador Pedro II para a princesa Isabel e o conde D'Eu. É sede do governo estadual e lá foi velado o corpo do ex-governador Leonel Brizola, que faleceu em 2004 aos 82 anos. E o Fluminense Football Club, agremiação pioneira carioca, favorita da elite, em cujo campo eram disputados os grandes jogos do torneio metropolitano no início do século passado. O palácio e o histórico estádio das Laranjeiras ficam na Rua Pinheiro Machado, paralela à Ipiranga, que vai dar no Túnel

Santa Bárbara, caminho para o Centro da cidade, o Maracanã e os bairros da Zona Norte.

Ligando a Ipiranga à Pinheiro Machado está a Rua Coelho Neto, que leva esse nome porque ali morou Henrique Maximiano Coelho Neto, professor, teatrólogo, político, escritor com assento na Academia Brasileira de Letras e profícuo reprodutor. Teve 14 filhos, entre eles Preguinho, meio-campo ídolo do Fluminense nos anos 1920 e 1930 e autor do primeiro gol do Brasil em Copas do Mundo. O gol aconteceu na derrota por 2 a 1 para a então Iugoslávia, no mundial de 1930 jogado no Uruguai. Também na Coelho Neto morou Didi, o Folha Seca, meio-campo bicampeão mundial de futebol, eleito pela Fifa o melhor jogador da Copa de 1958.

História é o que não falta. Na Ipiranga nasceu Lima Barreto, escritor e jornalista negro, descendente de escravos, analista mordaz da sociedade brasileira e do preconceito racial. Ele morreu aos 41 anos, em 1922, e deixou obras aclamadas pela crítica literária como *O triste fim de Policarpo Quaresma*. Nessa rua nasceu também Heitor Villa-Lobos, maestro considerado, ainda em vida, o maior compositor das Américas. Integrante do movimento modernista, desenvolveu nas escolas um programa de educação musical através do canto orfeônico; faleceu aos 72 anos, em 1959, e produziu mais de mil peças entre óperas, concertos, sinfonias e obras orquestrais utilizando canções folclóricas e urbanas, como a tocata *O Trenzinho do Caipira*, de *Bachianas Brasileiras nº* 2.

Na Ipiranga também fez história um digno representante da cultura popular, o bloco Canarinhos das Laranjeiras, famoso por ter conquistado, por 11 anos consecutivos, o título de campeão do carnaval carioca. Os sambistas se concentravam num enorme e animado cortiço no número 81, construção derrubada no fim dos anos 1950 para dar lugar a um prédio de apartamentos.

Foi na Ipiranga, inclusive, que surgiu um produto vendido até hoje em farmácias e supermercados. Em 1929, na casa 51, um cearense chamado Francisco Olímpio criou, com a mulher Maria de Lourdes, a fórmula do Leite de Rosas, anunciado à época como o “mais eficiente e aconselhado embelezador da mulher; limpa, alveja e amacia a cútis”.

A rua tinha ainda um armazém, hoje um depósito de material reciclável, além de uma distribuidora de sorvete que abastecia as carrocinhas da Kibon, da quitanda do Francisco, do bar do Lamano e da padaria do Almeida, comércio local que desapareceu com o progresso e a ganância do mercado imobiliário que desfigurava a cidade.

Chegamos, enfim, ao endereço da nossa história: a fortaleza da resistência, a casa 4 de uma pequena e discreta vila da Rua Ipiranga número 112. O acesso se dá por duas entradas laterais que margeiam duas residências hoje unificadas para abrigar uma clínica de estética; atrás delas, outras duas casas. Esse conjunto encabeça a Vila, que surge numa espécie de larguinho, com outras sete casas: três do lado direito, uma ao fundo e três do lado esquerdo. Construídas no início dos anos 1930, seguem o mesmo modelo de sobrado, com duas salas, cozinha, área de serviço, quarto de empregada, banheiro e um pequeno quintal no rés do chão; no andar de cima, três quartos e um banheiro.

A casa 4 fica do lado direito. Ali vivia um casal emblemático na luta pela democracia e pela soberania nacional – a médica Maria Augusta Tibiriçá Miranda e o professor Henrique Miranda – e seus quatro filhos: Aloisio, Carlos Henrique, Alice e Alberto. Maria Augusta era filha de Alice Tibiriçá – ativista política no campo de saúde, defensora das grandes causas sociais e fundadora da Federação de Mulheres do Brasil, que presidiu até sua morte em 1950 – e já morava na casa 4 antes mesmo de se casar. Foi a mãe da Heleninha da casa 6, a mais antiga da Vila, quem fez o vestido de noiva dela.

Maria Augusta conheceu o marido, companheiro de militância de Luís Carlos Prestes no PCB, Partido Comunista do Brasil, durante a campanha O Petróleo É Nosso. Juntos, participaram ativamente do movimento que resultou na criação da Petrobras, em 1953. Ela costumava brincar com os filhos, revela Aloisio, "dizendo que éramos derivados do petróleo". Também lutou pela saúde pública, pelos direitos das mulheres, presidiu o Movimento em Defesa da Economia Nacional, integrou as campanhas pela anistia ampla, geral e irrestrita e pelas eleições diretas.

Os Tibiriçá Miranda eram acolhedores. E agregadores. Gostavam da casa cheia. Recebiam líderes do Partido Comunista, entre eles Luís

Carlos Prestes, Francisco Julião, Pedro Pomar e Mário Alves. Aloisio se recorda de um encontro com Marighella e de uma festa que os pais deram para os nove chineses presos três dias depois do golpe de 1964, sob a acusação de que estariam no Brasil tramando uma revolução comunista. Não passavam de representantes comerciais num programa oficial de intercâmbio assinado por João Goulart, quando de sua visita a Pequim. Foi a primeira violação de direitos humanos promovida pela ditadura a ter repercussão internacional.

Também frequentavam a casa 4 João Baptista e Zilda Xavier Pereira, amigos próximos que tinham três filhos – Alex, Iuri e Iara – da mesma faixa etária das crianças Tibiriçá Miranda. Companheiros de partido, a vida de João e Zilda cruzou com a de Maria Augusta e Henrique Miranda. Quando Henrique sofreu uma cirurgia de úlcera, toda a família passou um tempo no apartamento dos Xavier Pereira que ficava ali perto, na Rua Marquês de Abrantes, ao lado da Churrascaria Parque Recreio, para que o professor Henrique "não tivesse que se esforçar, subir e descer a escada da casa dele". Iara lembra também que os meninos eram endiabrados, "à exceção da Alicinha".

A atividade política também era intensa por lá. Zilda, por exemplo, militava 24 horas por dia – "nunca foi dona de casa", ressalta a filha –, mas fazia questão de ter muita comida na dispensa para alimentar o pessoal do partido e os amigos que Iuri sempre levava para lá. Já João Baptista era sarcástico, debochado, meio anarquista, crítico feroz do culto à personalidade – "as irmãs de Prestes tinham ojeriza a ele", revela Iara.

Marighella era presença assídua na casa dos Xavier Pereira. Primeiro, porque não tinha telefone, e sempre aparecia no apartamento da Rua Marquês de Abrantes com a mulher Clara, para articular contatos. Depois, porque sempre que viajava passava por lá para pegar uma mala emprestada. Um dia, por brincadeira, enfiou a menina Iara na mala. Ela tinha 4 anos e ficou com horror daquele amigo dos pais. Sentimento que trocaria, tempos depois, por uma profunda admiração: "Um homem coerente, parlamentar na Constituinte de 1946. Fazia o que falava".

Foi na casa de Zilda e João que se arquitetou a Revolta dos Sargentos, em setembro de 1963, movimento em protesto pela proibição de candidaturas militares nas eleições para o poder legislativo. Ocuparam, em Brasília, o Departamento Federal de Segurança Pública, a Estação Central da Rádio Patrulha, o Ministério de Marinha, a Rádio Nacional e a Companhia Telefônica Brasileira. Acabaram presos. A casa servia também de abrigo para integrantes do partido em apuros. O secretário-geral do partido na Guatemala, que estava foragido, ficou um ano morando lá. Saiu dizendo que era a primeira casa realmente de comunistas.

As crianças dos dois casais certamente não entendiam o que estava acontecendo nem o que aqueles senhores discutiam tanto com seus pais. Mas já estavam impregnados pela política. Em 1960, formaram o comitê infantil de campanha para as eleições executivas. Pediam votos para o Marechal Lott (candidato à presidência derrotado por Jânio Quadros), João Goulart (reeleito vice-presidente) e Sérgio Magalhães (candidato ao governo do então Estado da Guanabara, derrotado por Carlos Lacerda). Tinham entre 8 e 11 anos.

A fortaleza dos Tibiriçá, no correr dos anos, chegou a ser invadida várias vezes pela repressão. Não só devido às atividades do casal, mas também por causa de um grupo de jovens que a casa 4 da Vila da Ipiranga passou a aglutinar, o que criou neles um forte laço de amizade e união para os tempos sombrios que se avizinhavam. A consciência do valor da liberdade já a carregavam no DNA.

É aí que começa essa história heroica, a história do Incrível Exército Brancaleone do nosso tempo, uma brigada quixotesca de pequenos Davids contra ferozes Golias. Como os maltrapilhos combatentes do filme de 1966, que lutavam contra a peste, os bárbaros e todo tipo de adversidade na Europa medieval em busca da terra prometida de Aurocastro, grande parte dessa brigada arriscou a vida por um sonho.

O que você vai ler a partir de agora é resultado de lembranças e reflexões de cada um deles sobre amizade, companheirismo, solidariedade, luta, dor e resistência, manifestadas em mais de 20 horas de relatos gravados pelo grupo de WhatsApp criado para reaproximar a turma, em 2015. São mais de 50 anos de convívio resumidos em emocionados reencontros pela internet, vários depoimentos registrados em textos e filmagens caseiras, além de fotos e reportagens de diferentes épocas.

ALERTA, SEMPRE ALERTA

Era uma tarde qualquer de 1963. Aloisio ainda não tinha 14 anos. Estudava na sede do tradicional Colégio Pedro II, no Centro da cidade. A caminho de casa, encontrou dois amigos recentes no ônibus 77, com ponto final na Praça São Salvador. Luiz Carlos e Paulo comentavam, eufóricos, detalhes curiosos do acampamento escoteiro que tinham acabado de realizar. Aloisio se interessou pela história e, ao chegar em casa, falou com a mãe sobre participar daquele movimento, fundado em 1907 por um tenente-coronel do Exército britânico chamado Robert Baden-Powell, que o definia como "uma escola de cidadania através da destreza e da habilidade em assuntos mateiros" (*Escotismo para rapazes*, de Robert Baden-Powell, de 1908). Consistia, resumidamente, em formar crianças e jovens na prática do trabalho em equipe e da vida ao ar livre, para nelas desenvolver valores como companheirismo, disciplina, responsabilidade, respeito e, diga-se, a bem da verdade, pregar conceitos religiosos. Moralistas também.

Não muito longe dali, no apartamento térreo da Rua Paissandu 228, Glauco, terceiro filho do casal Aldo e Veleyda – ele, um médico sanitarista; ela, uma dona de casa –, teve a mesma curiosidade. Frequentava o Fluminense, na Rua Álvaro Chaves, com os irmãos Glaucia, Fernanda e Flávio, e soube da existência do grupo de escoteiros no clube. No dia seguinte alistou-se na companhia. Levou com ele os amigos Fernando e Gustavo, dois irmãos que também moravam na Paissandu e estudavam na mesma escola, o Externato Coração Eucarístico.

Algumas coincidências aproximavam as duas famílias desde Pernambuco, onde Bertino, pai de Fernando e Gustavo, servira como brigadeiro da Aeronáutica, e Aldo, pai de Glauco, como tenente na Segunda Grande Guerra. Os pais criaram uma relação de amizade. Além disso, ambos tinham quatro filhos, entre eles as filhas com o mesmo nome. Aldo era pai de Glaucia, Fernanda, Glauco e Flávio; Bertino, casado com dona Glaucia, pais de Fernando, Gustavo, Lúcia e... Glaucia. Glauco guarda com carinho uma foto deles, ainda crianças, tirada na entrada do prédio da Rua Paissandu.

Assim como Aloisio e seus irmãos Carlos Henrique e Alberto (o Betão), também Glauco, Fernando e Gustavo ingressaram, com o apoio dos pais, no Grupo de Escoteiros Guilhermina Guinle. Não se sabe por qual razão o grupo ganhou o nome da excêntrica Dona Flor do século 19. Guilhermina era casada com Eduardo Guinle, patriarca da tradicional, riquíssima e perdulária família do Rio de Janeiro. No livro *Os Guinle*, lançado em 2015, o historiador Clóvis Bulcão conta a trajetória de Eduardo, a sociedade com Cândido Gaffrée, as extravagâncias de Guilhermina, a construção de um império, sua fortuna incalculável e um inusitado acordo familiar. Segundo o autor, Eduardo e Cândido, além dos negócios, dividiam o leito com Guilhermina. Dos sete filhos do casal, três seriam do sócio.

Mas, enfim, não importa. Lá estavam nossos escoteiros, sempre alertas, com um lenço preso ao pescoço, chapeuzinho scout, a flor-de-lis no bolsinho da camisa no lado esquerdo do peito, calças curtas e meias três quartos, junto a outros meninos que moravam na região em torno da Rua Ipiranga, abrangida pelos bairros de Laranjeiras e Flamengo. Eram todos vizinhos ou amigos de escola. Não imaginavam que estavam construindo ali um futuro em comum, difícil, sofrido e penoso, mas ao mesmo tempo, solidário, alegre e afetivo. Como irmãos de sangue, esperança e ideais.

O coordenador da companhia era o escoteiro-chefe do Brasil, João Ribeiro dos Santos. E Carlos Henrique – Carlinhos para uns, Caíque para outros – traz na memória a formação da chamada tropa 1, que se reunia embaixo das arquibancadas do velho estádio tricolor, comandada por Umberto Spilotros. Nela figuravam Aloisio, Glauco, Fernando, Gustavo, Bira, Amaral, Amaralzinho, Márcio, Frederico, Luís Alberto, Carlos Eugênio, Wilson e logicamente ele, Carlinhos. Nas operações de todo o grupo, formavam-se patrulhas. Carlinhos e Bira, por exemplo, integravam a patrulha Touro; Aloisio, Amaral e Márcio, a Águia; Glauco e Gustavo, a Leão; Fernando, a Tigre. A turma da Vila, que já atraía a garotada da vizinhança para as peladas no campinho de pedra, agora arregimentava novos recrutas para aquela sedutora aventura.

Era tudo muito divertido. Instrutivo também. Aprendiam a dar diferentes tipos de laços, armar barracas, fazer fogo e a própria comida, reconhecer pegadas de animais, identificar plantas venenosas, participar de jogos, desenvolver técnicas para sobreviver na selva, encarar situações difíceis e superar desafios e adversidades. Não era fácil. Ainda por cima, tinham que respeitar, pelo menos na teoria, os mandamentos do compromisso de honra assumido no alistamento: todo escoteiro deve ser leal, prestativo, cortês, respeitador e protetor da natureza, responsável e disciplinado, amigo de todos, bem-humorado diante das dificuldades, econômico e respeitador dos bens dos outros, e íntegro nos pensamentos, palavras e ações. Nem todos, porém, seguiam a exigente cartilha ao pé da letra. Era pedir demais.

A lição mais importante, talvez ainda não soubessem, carregariam para a vida inimaginável que, em poucos anos, atormentaria todos eles: no meio de uma tempestade, numa floresta sombria e agressiva, há que se perder o medo do desconhecido, descobrir a importância da solidariedade e experimentar a vida em condições adversas.

Nos gabinetes militares essa tempestade, que atingiria boa parte do continente, já estava em formação. Era uma conspiração velada, gestada no boca a boca de quartéis e embaixadas contrários ao governo de João Goulart, agarrados ao ódio à democracia e apegados ao terrorismo, alardeando, com o apoio da grande imprensa e de parte da igreja, o que chamavam de perigo comunista, “a terrível ameaça vermelha”.

O ano de 1963 até começara promissor...

Um plebiscito popular decide no dia 6 de janeiro, e por maioria esmagadora, que o Brasil é um país presidencialista. Jango recupera assim os poderes que perdera com a adoção do parlamentarismo, em 1961, condição que lhe fora imposta para que pudesse assumir o governo depois da renúncia de Jânio Quadros. Emerge, na sociedade, uma onda avassaladora contra as reformas de base que o presidente pretende implantar. Um bombardeio anticomunista cativa a classe média e os setores conservadores da sociedade. Começam os primeiros cercos a universidades, a sindicatos e à sede da UNE, União Nacional dos Estudantes, acusada de realizar um congresso pró-Cuba.

Os intrépidos escoteiros estavam entregues ao desafio de desbravar novas trilhas. Alguns acampamentos foram marcantes, como o que aconteceu em Jacarepaguá. Eles passaram a madrugada na mata em busca de um piloto que teria sobrevivido à queda de um avião na região. Todo mundo estava muito assustado, mas hoje Aloisio dá risada: "Acabamos descobrindo que a tal história do piloto perdido era uma brincadeira do Luís Paulo, colega do grupo...". Contavam histórias folclóricas e heroicas, sobre avistamentos de discos voadores, como também as arriscadas, embora divertidas, caminhadas a partir do Pico da Tijuca. Eles dormiam na mata do Bom Retiro, em sacos apropriados, cobertores sobre a grama molhada, e voltavam pelas Paineiras no dia seguinte.

Todos têm hoje uma indisfarçável saudade da rotina nos acampamentos. E dos jogos que disputavam. Do inevitável Caça ao Tesouro – ganha a patrulha que conseguir decifrar o mapa, solucionar todas as pistas e, consequentemente, encontrar o tesouro – ao Buldogue, uma espécie mais aguerrida do conhecido Resta Um: a patrulha tem o desafio de atravessar, unida, uma área protegida pelo chamado "buldogue"; quem cair nas mãos dele e for levantado do chão, vira "buldogue" também e passa a bloquear os "sobreviventes". Glauco e Carlos Eugênio, os mais fortes do grupo, eram os "buldogues" mais temidos. Intransponíveis.

O maior destaque, porém, vinha da cultura indígena: o fogo do conselho. Os escoteiros se reuniam à noite em torno de uma fogueira para discutir as atividades, ouvir histórias, conselhos e cantar. São várias as músicas destinadas aos escoteiros. O Trio Irakitan até gravou um disco só com essas canções. Uma delas, o *Hino alerta*, foi composta por Benevenuto dos Santos, em 1914. Em certo trecho, diz: "Se algum dia acaso a pátria estremecida/ de súbito bradar alerta aos escoteiros/ alerta responderemos: à pátria a nossa vida/ e as almas entregar iremos prazenteiros/ Alerta, alerta, sempre alerta".

Apesar da letra confusa e rebuscada, o alerta pregado na canção começou a se concretizar em meados de março de 1964. A pátria estremeceu. A conspiração, que já vinha sendo urdida nos bastidores, entrou em ebulição.

João Goulart faz, no dia 13 de março, um comício na Central do Brasil para cerca de 200 mil pessoas e reforça seu compromisso com a realização das reformas de base, o que soa como um desafio para os militares e a classe média conservadora. A reação é imediata: uma semana depois, 500 mil pessoas participam, em São Paulo, da Marcha da Família com Deus pela Liberdade, contra o comunismo e pela intervenção militar na política.

O FANTASMA DO COMUNISMO E O GOLPE

O comunismo há muito era como um fantasma na vida de um Brasil conservador, embora o PCB, criado em 1922, tenha estado na ilegalidade boa parte do tempo – talvez, justamente por isso, assustasse tanto as elites. Marcos Paraguassu de Arruda Câmara, o Paragua, filho de Diógenes de Arruda Câmara, membro do Comitê Central do partido na década de 1940, deu em 2013 um depoimento a Jorge Ferreira, o Bola (a gravação foi cedida pela filha Mônica Dezone, para utilização neste projeto). Em um trecho, Paragua lembra que cresceu sem poder atender a porta com receio de que fosse a polícia, sem poder dizer o nome do pai na escola, sem poder levar os amigos para brincar em casa. Sofria com isso, mas já era um combatente – aos 3 anos, cerrava o punho da mão direita e na esquerda ostentava o retrato do pai.

Sofria também com uma doença chamada pleurisia, conhecida como pleurite, a inflamação da pleura, membrana que reveste os pulmões. Marighella, amigo do pai e também membro da comissão executiva do partido, criou um personagem para ajudar no tratamento do menino. Era o doutor Fragoso, que, na história, vinha todo de branco, montado num jumento e segurando numa das mãos a ampola com uma agulha enorme. Assim, assustava e distraía o menino Paragua. Marighella e o pai Diógenes se revezavam na aplicação das injeções de estreptomicina.

Diógenes de Arruda Câmara, o pai de Paragua, foi eleito deputado federal por São Paulo em 1947. Como o também eleito Pedro Pomar, ele concorreu pelo PSP (Partido Social Progressista) e assim escapou da cassação de mandatos após o cancelamento do registro do Partido Comunista naquele mesmo ano. Essa cassação atingiu Luís Carlos Prestes, eleito para o Senado em 1945, e nomes como Jorge Amado, Gregório Bezerra, Carlos Marighella e Maurício Grabois, que tinham conquistado cadeiras na Câmara Federal.

Com o partido de novo na ilegalidade, os encontros de Paragua com o pai voltaram a ser furtivos e arriscados, uma verdadeira aventura. "Meu pai saía por volta das nove da noite e eu ia no banco de trás do carro dele, um Plymouth, para lugares estranhos. Ele descia e só retornava duas horas depois. Descobri que, à época, ele dava cursos principalmente para sindicalistas. O partido tinha cerca de 200 mil membros e vários deles foram para a União Soviética estudar Economia".

E aconteceu.

O golpe, que se desenhava desde a posse de Jango, eclode antes do previsto. Estava programado para o fim da primeira semana de abril, numa ação conjunta dos militares com o apoio dos Estados

Unidos. Mas o general Olimpio Mourão, comandante da 4ª. Região Militar, em Juiz de Fora, antecipa-se e, com o aval de Magalhães Pinto, governador de Minas Gerais, marcha com suas tropas rumo ao Rio de Janeiro, no dia 31 de março, para derrubar o governo. Jango tenta articular uma reação. Não consegue. Teme uma guerra civil. O Congresso cede à pressão dos militares e declara vaga a presidência. O presidente asila-se no Uruguai, uma Junta Militar toma o poder, baixa o Ato Institucional Número 1 – que cassa os direitos políticos de figuras como Jango, Prestes, Brizola, Miguel Arraes e Darcy Ribeiro – e instaura-se a ditadura no Brasil.

Alvoroço na casa 4 da Vila da Ipiranga. A médica Maria Augusta foi presa, o professor Henrique Miranda escapou e os quatro filhos tomaram rumos distintos. Aloisio e Carlinhos foram morar com a tia Sônia, Alicinha e Betão num apartamento na Urca. O mesmo aconteceu com a família Xavier Pereira, que deixou o apartamento da Rua Marquês de Abrantes. Os pais fugiram, Iuri foi morar numa casa, Alex em outra e Iara, a caçula, acabou abrigada pela família da Leila, uma colega do Colégio Anglo-Americano que morava em Copacabana. Quem mais sofreu com as separações, segundo Iara, foi Alex, o mais amoroso da família, "eterno debatedor". Sempre que podia, Alex, que ficou numa casa em Botafogo com um espanhol fugitivo da guerra civil, visitava a irmã. Marighella foi preso pelo Dops, o Departamento de Ordem Política e Social, num cinema na Tijuca.

Paragua tinha 19 anos à época. Morava numa pensão na Lapa e vivia em três universos: o da bandidagem (conheceu muitos malandros do Rio, "como conheci alguns burgueses também"); o da música (era grande amigo de Turíbio Santos, que o apresentou a Hermínio Bello de Carvalho e, através deles, conheceu Zé Keti, Nelson Cavaquinho, Ismael Silva e o pai do Paulinho da Viola. "O Paulinho se tornou meu amigo, trabalhava num banco e foi o primeiro cara a me levar na Portela"); e o da política (cursava o primeiro ano da faculdade de arquitetura e já estava no movimento estudantil desde o secundário).

Com o golpe, Paragua não teve dúvidas. Perseguido pela repressão por ter trabalhado numa agência de notícias chamada Nova China, decidiu deixar o país. Ele e mais dois amigos, Lúcio e Mauro, pegaram em Cabedelo, Paraíba, um cargueiro do Lloyd – companhia estatal de navegação extinta em 1998 – e rumaram para a França. Dezoito dias de viagem. Paragua chegou com 50 dólares no bolso. Passou um ano e meio em Paris, depois foi para Londres. Trabalhou descarregando caminhão, foi vendedor de sabonete, lavador de prato e, por fim, desenhista, com as noções básicas que aprendera em estágios no Brasil com dois grandes mestres da arquitetura, amigos do pai e simpatizantes da causa: Oscar Niemeyer e Lúcio Costa.

O degredo dos meninos Tibiriça Miranda durou quase um ano, mas não impediu que frequentassem a escola e as atividades do grupo escoteiro Guilhermina Guinle. No início de 1965, quando a situação ganhou um ilusório contorno de normalidade, pais e filhos voltaram para casa. Já com os Xavier Pereira nem tanto. João e os três filhos retornaram ao apartamento da Marquês de Abrantes, mas Zilda ainda levou um tempo para voltar. Estava totalmente envolvida, junto a Marighella, no movimento de contestação à linha de ação do partido.

Iuri logo filiou-se ao Partido Comunista. E eram comuns as reuniões do "pessoal do Iuri" na casa da família. Iara debocha dos rapazes "arrumadinhos, camisa de tergal, quadradinhos. Tinha o Montenegro, desaparecido político; o filho do David Capistrano, o Frederico Pessoa e toda a turma do Nordeste que tinha fugido do golpe e que foi para a ALN (Ação Libertadora Nacional) depois. Eles vinham da escola técnica e eu, para provocar, passava com as minhas minissaias. Iuri morria de vergonha". Ele tentou cooptar a irmã para o partido, sem sucesso. Iara se justificou: "Quando vocês acabarem com essas reuniões intermináveis, essas discussões, todo esse blablablá, quando as coisas forem para valer, aí vocês me chamam. Para perder meu tempo, não vou não. Pega o Alex". Iara já indicava que caminho iria tomar.

A rotina renasceu naquele pedaço do Rio de Janeiro. Dona Maria Augusta não queria os meninos na rua, preferia tê-los por perto. Carlinhos conta que ela dizia "prefiro ver vocês enfiados aqui em casa do que soltos na rua". Assim, transformou a casa da Vila num polo aglutinador, ponto de encontro da garotada. Não só dos três filhos do casal Xavier Pereira, mas também dos vizinhos, como os filhos do major-juiz de pelada Oscar, conhecido como Radar, por viver rastreando a garotada, e da médica Teresa, por outra coincidência ex-colega de trabalho do pai de Glauco no Serviço Nacional de Tuberculose. Eram sete – Oscar, Sérgio, Dênis, Ivan, Paulo, Hélio e Sandra; o casal só parou de procriar quando nasceu uma menina – e, como a família era grande, moravam em duas casas, a 7 e a 8. Tão numerosos quanto os filhos dos espanhóis da casa 9 – Sindo, Miro, Pépe, Albino, Camilo e Ana, mãe de Camilinho.

E havia ainda os escoteiros, que se concentravam na Vila para as atividades do dia. Eles saíam em grupo pela Rua Coelho Neto, atravessavam a Pinheiro Machado e chegavam ao Fluminense. Ao fim da reunião, faziam o caminho de volta e batiam ponto de novo na casa 4. Até porque curtiam a vizinhança, principalmente certas moradoras da casa 3, espécie de casa de cômodos onde viviam várias pessoas. Essas moradoras eram atraentes, muito atraentes. Ocupavam um quarto e, comentava-se à boca pequena, pagavam o aluguel com serviços sexuais... Os meninos sonhavam com isso, pensando nelas.

O país, que não reagira à tomada do poder pelos militares, começava a sentir o golpe.

Surgem os primeiros sinais de resistência, aumenta a repressão. A polícia ocupa a Universidade de Brasília; mais de 200 professores se demitem em protesto. Intelectuais lançam um manifesto à nação pedindo o restabelecimento das liberdades democráticas. Castelo Branco baixa o Ato Institucional Número 2, que extingue os partidos políticos e levaria ao bipartidarismo no país (Movimento Democrático Brasileiro – MDB x Aliança Renovadora Nacional – Arena), estabelece que crimes políticos sejam julgados pela Justiça Militar, cassa mais gente, determina eleições indiretas para presidente e dá, a si próprio, poder de decretar estado de sítio sem consulta prévia ao Legislativo, de intervir nos estados e de fechar o Congresso.

O Rio de Janeiro ainda encontrou espaço para comemorar, em 1965, seu quarto centenário de fundação. Uma das atrações foi a realização do primeiro Jamboree Panamericano, o encontro de escoteiros das Américas. Cerca de oito mil adolescentes, representando todo o Brasil e mais de dez países, acamparam, durante dez dias na Ilha do Fundão. Os meninos do Guilhermina Guinle estavam lá. Carlinhos trabalhou na organização do evento, pela União dos Escoteiros do Brasil, e Aloisio e Amaralzão participaram como escoteiros seniores, porque já tinham completado 15 anos.

Aloisio até hoje se recorda do hino do Jamboree Panamericano. "Jamboree Panamericano/ Pan América, Jamboree/ de polo a polo/ de oceano a oceano/ a juventude da América está aqui". Glauco replica; prefere a música de um encontro mais antigo, que comemorou o centenário de nascimento de Baden-Powell, em 1957: "Viemos do norte, do sul e do leste/ viemos do oeste, de todo o Brasil/ Das praias, dos pampas, dos campos, dos montes e dos horizontes de todo o Brasil/ Se ele é gaúcho, você do Amazonas, debaixo da lona somos todos irmãos".

AS FESTINHAS E A MONTANHA

Os laços de amizade se fortaleceram, a turma cresceu como uma grande irmandade. Mas os valores ideológicos do tenente-coronel britânico já não eram suficientes nem totalmente assimiláveis. Outras ideias, bem mais atraentes, circulavam à época. Apesar de o Brasil viver a ditadura, havia ainda uma atividade cultural efervescente, que três anos depois o AI-5 (Ato Institucional Número 5) trataria de sufocar. Música, teatro, cinema. Os meninos conversavam sobre isso e a vida, lá fora, começava a seduzir a rapaziada. Aloisio desabafa: "Era só homem. E a gente estava numa idade de conhecer as meninas. Não dava para ficar fechado".

As festinhas da casa 4 da Vila tornaram-se programa obrigatório na vida dos garotos. E das garotas também. Foram elas que deram o primeiro passo. Glória, Carmem e Denise já frequentavam a casa; eram amigas de Alicinha no ginásio Pedro Álvares Cabral. Botaram o som na vitrola e fizeram surgir as primeiras relações entre eles. Toda a turma entrou na dança. Quando as meninas não queriam conversa, diziam apenas que precisavam ir ao toalete.

Iara comenta que tinha festa todo sábado e que o irmão Alex participava, "mas não era de dançar nem de paquerar as meninas, ficava num canto discutindo política a noite inteira". Uma história, pelo menos, ficou famosa. Ronaldão se apaixonou pela Carmem. A rapaziada ficou na torcida, deu a maior força. "Aí, Ronaldão, segura na mão e vai fundo...". Ele não foi.

O casal Tibiriçá Miranda acompanhava toda aquela movimentação com atenção, dedicação e uma boa dose de afeto. Bira lembra, por exemplo, que certa vez ganhou de dona Maria Augusta um livro sobre Jung, escrito por Nise da Silveira; "e do professor Henrique ganhei *Os Sertões*, de Euclides da Cunha". Este, principalmente, mexeu muito com o rapaz, por conta de sua curiosidade pela vida no sertão desde quando, segundo ele, estava na barriga da mãe, dona Senhorinha, uma costureira maranhense. Muitos anos depois Bira iria percorrer o mesmo trajeto descrito por Guimarães Rosa em *Grande sertão: veredas*.

Dona Maria Augusta era uma espécie de mãezona da turma. Meninos e meninas sentiam-se em casa, à vontade. Almoçavam, jantavam, lanchavam, dormiam e sempre recorriam a ela diante de qualquer problema, qualquer dificuldade. Fosse no grupo ou na relação com suas próprias famílias, Maria Augusta estava sempre disponível para ajudar, aconselhar ou simplesmente acompanhar o comportamento de todos eles.

Os Beatles tinham acabado de lançar o compacto com *I wanna hold your hand*, que estourou no mundo todo. Para Aloisio, foi "nossa entrada na adolescência". Glauco, três anos mais novo, diz que eles viveram justamente essa transição do Ray Conniff para os Beatles, passando por Elvis Presley. E ainda tinha os Rolling Stones, os Herman Hermits, os

Monkeys e, por aqui, a Jovem Guarda de Roberto e Erasmo, para completar a festa.

A empolgação era tanta que fez surgir, na Vila, uma banda – conjunto, como se dizia à época – que parecia vir de outro planeta, pelo menos no título: Os Marcianos. Aloisio era crooner, e a formação titular tinha Sindo (o espanhol), Oscar e Sérgio (filhos do major Oscar) nas guitarras e Tubarão no baixo. Adivinha onde aconteciam os ensaios?... Na casa 4, claro. Naquela época, cada esquina tinha uma banda, mas Os Marcianos levavam uma certa vantagem sobre as rivais. Os pais de Sindo eram donos de restaurantes e de boates, além de diretores de clubes espanhóis na cidade. Garantiam agenda cheia. E um relativo sucesso.

Outro programa imperdível para a festeira turma da Vila: as domingueiras do Fluminense. Quem era sócio bastava apresentar a carteirinha, quem não era pulava o muro e garantia seu lugar na pista. À tarde acontecia o Sorvete Dançante, para quem tinha até 18 anos. Ou seja, todos deles. À noite o almejado Disco Dançante, para quando atingissem a maioridade. Enquanto a maioria das turmas da cidade vivia se digladiando para demarcar território, a da Ipiranga se divertia nos acampamentos, nos bailinhos e nas festas sempre animadas pelos sucessos do momento e pelo som dos músicos do grupo.

No cenário político, o governo subia o tom.

Luís Carlos Prestes é condenado à prisão "por subversão". Mais seis deputados são cassados. Um novo ato institucional, o de número 3, estabelece, em fevereiro de 1966, que as eleições também serão indiretas para governadores e vices. As assembleias legislativas escolherão os governadores e estes, com a aprovação prévia das assembleias, indicarão os prefeitos, criando assim a figura dos prefeitos "biônicos". O general Artur da Costa e Silva é escolhido como sucessor de Castelo Branco e, em outubro de 1966, assume a presidência. Lacerda, Juscelino e Jango criam uma frente ampla contra o regime. E surge a primeira reação armada contra o golpe, na Serra do Caparaó, pelo Movimento Nacionalista Revolucioná-

rio, formado por ex-militares e militantes de esquerda ligados a Leonel Brizola.

Nesse ano de 1966, um outro candidato a instrumentista chegava para reforçar os saraus da Vila: Arnaldo Galeno. Arnaldo tinha 15 anos. Filho de Arnaldo e Amara, irmão de Leilinha e Deise, era de uma família grande, com sete tias e seis tios, e recebeu uma formação política diferente. O pai, militar, alinhava-se com as Forças Armadas. Os tios, não; funcionários públicos que trabalhavam nos Correios, eram todos janguistas. Arnaldo lembra de discussões acaloradas em casa, mas não entendia muito bem o que estava acontecendo. Vivia mudando de morada por conta das exigências da carreira do pai, da Aeronáutica.

Duas das sete tias, Ivone e Leila, foram morar com a família que acabara de chegar de Marechal Hermes, bairro do subúrbio carioca onde fica a Base Aérea dos Afonsos. Da pequena varanda da casa 2, Arnaldo observava, "de olho comprido", toda aquela movimentação dos vizinhos. Até o dia em que dona Maria Augusta, percebendo a curiosidade do menino, o chamou – e a irmã Leilinha também – para frequentar a casa dela. Assim, Arnaldo conheceu Aloisio, Carlinhos e toda a turma da Vila: "Fui me entrosando".

E se entrosou tanto que entrou para o escotismo também. Não no Grupo Guilhermina Guinle, mas no Grupo Ipiranga, batizado de G-112 numa referência ao endereço da Rua Ipiranga. Explica-se: logo depois do Jamboree, a turma resolveu fundar o Grupo Ipiranga por conta de um desentendimento com o Fluminense. Saíram do clube e foram procurar um novo ponto. Tentaram o Instituto de Surdos na Rua das Laranjeiras. Não deu certo. Foram parar na Região Administrativa do bairro, num espaço vizinho ao viaduto de acesso ao Túnel Santa Bárbara.

As festas de fim de semana começaram a acontecer esporadicamente também na casa 2, do novo vizinho. Mas nem todas eram tranquilas. Arnaldo não esquece o dia em que aconteceu uma "puta briga": "Big Lé era um reco (*assim era chamado quem prestava serviço militar*) que morava na Paissandu. Tinha se infiltrado na festa e foi inconveniente com as meninas.

Carlos Eugênio tomou as dores, chamou Big Lé para a porrada. Foi uma briga horrorosa, começou em casa e terminou na esquina da Ipiranga com a Coelho Neto". Lá pelas tantas, Big Lé mordeu o dedo de Carlos Eugênio. Foi uma mordida tão forte, lembra a irmã Belela, que a unha do dedo nunca mais se recuperou. Só o pai do Arnaldo conseguiu apartar a briga. O mais curioso é que Carlos Eugênio descobriu, depois, que Big Lé era primo dele...

Além das festas e do escotismo, os meninos da Vila descobriram uma outra atração: o montanhismo. Carlinhos é quem conta: "Estávamos eu e Bira, como escoteiros, na Floresta da Tijuca. Encontramos o pessoal do Clube de Alpinismo e ficamos interessados nessa nova aventura". Foram falar com o Schuster, coordenador da tropa 2 dos escoteiros, que também era guia de montanha e presidente do Grupo Excursionista Carioca. Ele deu a dica: "Procurem o Jadir lá no grupo". Carlinhos e Bira procuraram.

Jadir, a princípio, não foi nada simpático com aqueles dois escoteiros; ele gostava de repetir que escoteiro é "o cagalhão da montanha". "Não demos a menor bola para a provocação", desabafa Bira. "Quando o vimos descendo de 'oito' (*freio oito*) o Pico do Papagaio, bateu o maior entusiasmo. Ele deu uma canja e deixou que fizéssemos a mesma descida várias vezes". O freio oito, cujo nome indica seu formato, é uma peça muito utilizada em paredões ou outras áreas verticais. Tem como funções controlar a velocidade e frear o movimento da descida.

Foi o batismo da dupla. "Depois Jadir montou, entre as duas pontas da pedra, um comando craw (*técnica de escalada com o uso de corda, em que um pé fica enrolado nela, enquanto a outra perna fica livre, dando liberdade à pessoa para que se movimente com o uso dos braços*). E na semana seguinte, nos levou para a escalada da Chaminé Stop, de terceiro grau". O desafio foi grande, mas Bira e Carlinhos deram conta. Carlinhos confessa que não foi nada fácil. Estavam de Vulcabrás e ralaram os joelhos na descida. "Foi um susto, mas um susto maravilhoso", lembra Bira.

A partir daí, Carlinhos e Bira, apesar de muito jovens, começaram a guiar a turma da Ipiranga nos desafios da montanha. Criaram o que

Bira chama de "coletivo de montanhistas". Filiaram-se ao Grupo Excursionista Carioca e colecionaram conquistas – Pão de Açúcar, Cantagalo, travessia Petrópolis-Teresópolis, Dedo de Deus, Agulha do Diabo, Verruga do Frade, Pico do Papagaio, Pico da Tijuca, Pedra Bonita, Marumbi, travessia dos Olhos na Pedra da Gávea... "Todo mundo acabou indo para a montanha", diz Bira.

As novas aventuras exigiam ações audaciosas, como matar aula para escalar a Agulha do Inhangá. Glauco relata que, nesses dias, ele e Bira tinham que dar um jeito de carimbar presença na caderneta do Colégio Santo Antônio Maria Zaccaria e fugir da escola para a montanha. No fim, trocavam de roupa e recolocavam a camisa do uniforme, "para chegar limpinho em casa".

As aventuras exigiam também uma boa dose de coragem dos meninos, porque não dispunham de equipamentos adequados de segurança. Usavam uma corda de sisal que machucava as mãos e alpargatas, em vez dos calçados especiais para montanhismo. O medo era grande, quase pavor. Todo mundo muito novo, completamente inexperiente, na beira de um paredão. Glauco conta o sufoco que passou no Pão de Açúcar por pura imprudência. Ele se agarrou num cabo de aço instalado na pedra quente em busca de apoio para descer. Escorregou e queimou as mãos. Por sorte havia uma árvore no caminho da queda e ele quebrou apenas um dedo.

A turma não perdoou. Passou a sacanear o pobre Glauco sistematicamente, com o refrão do maior sucesso do compositor pernambucano Luiz Vieira, a música que falava do menino passarinho com vontade de voar. Na escalada seguinte, Glauco estava tão cauteloso nos movimentos que a turma chegou a provocá-lo: "Você é um homem ou é um gato?". Tudo o que acontecia nas escaladas virava música ou era registrado num álbum de desenhos, feitos por toda a turma, e nas fotos tiradas por Wilson, o Beat – ele sempre participava delas com uma máquina fotográfica pendurada no pescoço.

Aloisio foi outro que passou sufoco quando teve de "descer de fixa", experiência pouco recomendável para quem desafia a pedra: o sujeito tem que descer pela corda usando apenas a força dos braços. Não é para qualquer um. As meninas que se incorporaram às aventuras dos corajosos montanhistas também sofreram alguns perrengues. Belela, irmã de Carlos Eugênio, por exemplo, travou no meio da escalada. Não subia nem descia. Ficou imóvel, em pânico: "E aí descobri minha paúra por altura". Com Ana Maria aconteceu a mesma coisa na escalada do Inhangá: empacou no meio de um paredão. Aloisio e Miguelzinho, os mais fortes do grupo, tiveram que rebocá-la, puxada a puxada, até o alto do paredão.

O MASSACRE E A EXPERIÊNCIA AMERICANA

Em paralelo, a turma da Vila acompanhava com curiosidade e aflição a movimentação política em suas casas ou nas de amigos, e as articulações dessas famílias à procura de resistência e esperança. Um evento, em especial, chamou a atenção e definiu a trajetória desse bando de secundaristas que dava, nas escolas – principalmente no Pedro II –, os primeiros passos no movimento estudantil: o massacre da Praia Vermelha, o primeiro grande confronto entre a estudantada e a repressão depois do golpe de 1964.

A União Nacional dos Estudantes, mesmo jogada na ilegalidade pelo governo militar, declarou o 22 de setembro de 1966 como o "dia nacional de luta contra a ditadura". Programou mobilizações em todas as capitais, para protestar também contra a cobrança de taxas e anuidades nas universidades públicas. No Rio, a polícia controlou as ruas do Centro da cidade. Os estudantes decidiram se concentrar no campus da Universidade Federal do Rio de Janeiro (UFRJ), na Praia Vermelha; ocuparam o prédio da Faculdade de Medicina e ficaram em vigília, cercados pela polícia.

Iara tinha seus 15 anos, mas estava lá com Gastone, amiga de Iuri, seu irmão mais velho. Os estudantes se reuniram em assembleia no refeitório da faculdade. O senador Mário Martins, pai do jornalista Franklin Martins, apresentou uma proposta: se todos saíssem e fossem para casa, nada aconteceria. Mas aconteceu, lembra Iara: "Fomos votar. Quem é a favor de aceitar a proposta, fica de pé; quem é contra, fica sentado". Não deu nem tempo de votar. "Eu olhei para a Gastone e falei: esses caras vão entrar já, já. E não deu outra...".

Os policiais entraram e as meninas subiram as escadas da faculdade correndo, na esperança de resistir, porque circulava a informação de que, no andar de cima, o pessoal havia preparado uma grande quantidade de coquetéis molotov, artefato feito com uma garrafa cheia de gasolina e uma bucha de pano. Era só acender a bucha e jogar na polícia. Não deu certo. "As bobas subiram para, logo em seguida, descer apanhando", lamenta Iara.

Carlinhos acrescenta um relato curioso. O diretor da faculdade também tentou negociar uma saída pacífica para o impasse. Ouviu do comandante que não tinha papo. Em meia hora daria a ordem de invasão, no que o diretor, segundo Carlinhos, teria respondido: "Só há uma maneira de entrar nessa faculdade: fazendo vestibular". Não teve vestibular. Às 3h45 da madrugada, a polícia invadiu a faculdade, encurralou e agrediu os estudantes com violência.

Iara tem muita história para contar. Comenta que a mãe, que já era a liderança política de Marighella no Rio de Janeiro, alertava: "A primeira pessoa a ser pega será você, para me pressionar e pressionar seu pai. Você tem que sair de casa, pode ficar com uma de suas tias". Iara saiu, mas passava a maior parte do tempo com a turma da Vila. A primeira memória que tem dessa convivência é de uma festa junina na casa dos Tibiriçá Miranda. Conta que o irmão Alex, sempre irônico, passou a festa pegando no pé da turma do escotismo, tirando um sarro dos "meninos de calça curta".

Iara diz que tem saudades, principalmente, de Gustavo e Fernando, muito presentes nas reuniões e nas festinhas da casa 4. E revela que, nessa época, namorou Fernando. Mas aí... "Um dia ele veio com um papo de igreja, que se tivesse um filho ele teria que ser batizado... Me assustou.

O pai era militar e tudo mais... Pensei: meu Deus, se o pai dele souber da minha família, nunca mais me vê na vida". O namoro acabou.

Aos poucos, as atividades do grupo escoteiro foram ficando menos frequentes, por conta do crescimento dos meninos, da atração pelo montanhismo e das adversidades daquele tempo. Luiz Carlos e Paulo, aqueles que inspiraram Aloisio a entrar no escotismo, sumiram. Foram para o México com os pais, que se exilaram. "O Paulo era da minha patrulha", lembra Carlinhos, que passou a viver na pedra quando não estava articulando na escola: "No meu caso, teve a questão da atividade política, que passou a ser muito intensa no meio estudantil, e teve também a questão da paixão pelo montanhismo. Vivia na pedra, era rato de pedra. Escalava sábado, domingo, dia de semana logo após as aulas... Não teve jeito". Já o irmão Aloisio lamenta: "Com 16 anos virei escoteiro sênior e não tinha nada muito organizado para quem atingisse essa idade".

Arnaldo, recém-batizado no Grupo Ipiranga, já estudava no Pedro II durante o dia, fazia contabilidade no Amaro Cavalcanti à noite e começou a faltar às reuniões e aventuras do grupo escoteiro. Um dia, Fernando e Dallas deram-lhe um ultimato: "Você tem de escolher!". Arnaldo nunca mais voltou. "Nem dei tchau". Despediu-se do escotismo, integrou-se à turma dos novos montanhistas e logo ganhou o apelido de Tartaruga porque era muito lento.

Glauco foi mais um a desertar do escotismo, mas não do gosto pela natureza. Tinha suas razões. Além de começar a se envolver com o movimento estudantil, queria curtir essa fase da vida. Achava que já tinha aprendido todos aqueles ensinamentos de Baden-Powell e passou a preferir acampamentos e travessias, porque deles as meninas também participavam. Em 1966, porém, deixou o Brasil.

Quase toda a família Villas Bôas embarcou para os Estados Unidos – Glaucia, a irmã mais velha, ficou no Brasil; cursava sociologia e já estava envolvida com o movimento estudantil. Teve festa de despedida na Vila e o grupo, com Fernanda ao violão, gravou uma fita cassete com sucessos da MPB. Em destaque, a paródia de *A banda*, que Aloisio compusera para o amigo Glauco: "Estava à toa na Vila/ quando alguém me chamou/ pra ver o Glauco escalar/ o segundo grau do Inhangá/ O velho Glauco se esqueceu do cansaço e pensou/ que ainda era moço para subir o Inhangá e escalou/ A moça feia debruçou na janela/ pensando que o Glauco escalava pra ela...". No dia do embarque, a turma foi abraçá-los no aeroporto, o antigo Galeão. Deixou com ele a fita cassete com uma dedicatória especial para "o menino passarinho com vontade de voar". Glauco voou.

Aldo, o pai, iria trabalhar na Organização Panamericana da Saúde, ligada à Organização Mundial de Saúde. Viajar para os Estados Unidos significava, também, escapar da ditadura instalada no Brasil. Rumou para Maryland e alugou uma casa em Bethesda. Depois se mudou para Chevy Chase e os filhos foram estudar na escola pública que recebia o nome dos dois bairros: Bethesda and Chevy Chase High School. A família levava uma vida sossegada; os Estados Unidos, não. Acabara de acontecer um massacre na Universidade do Texas, com 17 mortes e 30 feridos – massacre que desencadeou, desde então, uma série de ataques similares no país, que somam mais de 150 até os dias de hoje. E os Beatles tinham feito, em São Francisco, Califórnia, aquele que foi o último concerto ao vivo em solo americano. Uma declaração de John Lennon – "Os Beatles são mais famosos que Jesus Cristo" – provocou uma onda violenta de críticas e hostilidades por parte da população conservadora e dos meios de comunicação, com queima de discos e campanhas de boicote.

Para Glauco, a viagem representaria uma imersão nas entranhas do capitalismo: "Tomei consciência da questão do imperialismo americano e do preconceito, na pele, na escola, na luta com os professores". Foi um período de intensa formação musical, literária e política. Com 16 anos lia clássicos russos, Shakespeare, autores contemporâneos americanos. Já tocava violão e chegou a fazer, com a irmã Fernanda, shows de bossa-nova no La Salle College e na Georgetown University.

Glauco acompanhou a mobilização dos estudantes por uma sociedade democrática, teve contatos com o movimento negro, recebeu notícias de Cuba e do Vietnã: "A gente levantava finanças para a campanha contra a guerra vendendo fitas da trilha de Ho Chi Minh em frente à Casa Branca". E cultivou amizades na comunidade hippie: "Era o apogeu do movimento hippie, apogeu do amor livre". Lembra ter ouvido o primeiro disco de Jimi Hendrix, *Are you experienced?*, sentado com amigos numa sala esfumaçada, bem esfumaçada...

O país vivia dias nervosos. Os norte-americanos começam a se mobilizar contra o envio de tropas para o Vietnã – a ofensiva, determinada em 1964 pelo presidente Lyndon Johnson, cobra seu preço com mortes e mais mortes. As imagens da guerra chocam a população. Grupos de defesa dos direitos humanos, artistas e intelectuais engrossam as manifestações. Um dos símbolos da resistência é um peso pesado: campeão mundial de boxe, Muhammad Ali é convocado para a guerra, mas se recusa a participar dela.

Glauco e Fernanda acompanharam tudo isso bem de perto. "Vivemos aquela guerra ali, junto às pessoas", narra Fernanda. "Eram dias agitados, não só por causa da guerra do Vietnã, mas também por movimentos altamente revolucionários. Mulheres indo à luta, uma nova geração participativa, o movimento negro... E a gente era guri, né?... Adolescentes começando a conhecer a vida. Olhando hoje, acho que estávamos nos preparando para o futuro. Como uma semente do que iria acontecer na nossa volta ao Brasil".

Fachada da vila da Rua Ipiranga, nos anos 1960

Ao lado, reencontro dos Tibiriçá Miranda, na Casa das Pimenteiras, Teresópolis, um ano após o golpe de 1964

À esquerda, Aloisio, Betão, Henrique, Maria Augusta, Alicinha e Carlinhos reunidos a caminho de casa

Escoteiros do grupo Guilhermina Guinle no encontro em homenagem a Baden-Powell. Abaixo, Bira (de boné) e Carlinhos, à direita dele, no Jamboree de 1965

Crianças das famílias Bertino e Villas Bôas: Flávio, Fernando e Glauco, à esquerda; Lúcia e Fernanda, à direita.
Ao lado, Paragua criança, já com o punho cerrado e a foto do pai

Turma reunida na Vila em 1967: Paulinho, Sérgio, Fernando, Carlinhos, Alicinha, Beat, Ronaldão, Gustavo, Carlos Eugênio e Aloisio

Escalada da Chaminé Stop no Pão de Açúcar, com o guia Jadir. Ao lado, descida de rapel

Os Marcianos ensaiando na Vila. Aqui, aparecem Aloisio, de costas, junto à bateria, Sérgio e Alicinha nas guitarras

Ao lado, Parque Nacional de Teresópolis, anos 1960: Alicinha (na árvore), Frederico, Leilinha, Betão, Aloisio e Ronaldão (de óculos). Acima, Praia do Forte, Cabo Frio, 1966. No sentido horário, Ronaldão (alto à esquerda), Gustavo, Bira, Aloisio e Fernando

2.
MOVIMENTO ESTUDANTIL

Por aqui a temperatura subia nos bancos escolares, principalmente no Pedro II, onde boa parte da turma estudava. Ainda corria o ano de 1966 quando o governo militar anunciou a ideia de transformar o colégio numa fundação. Logo o Pedro II, escola criada em 1837 tendo como patrono o imperador Dom Pedro II, a terceira instituição de ensino mais antiga do Brasil, com 12 unidades no Rio de Janeiro, uma em Niterói e outra em Caxias. Muita gente importante e famosa estudou no Pedro II. Só como exemplo, cinco se tornaram presidentes do Brasil: Floriano Peixoto, Hermes da Fonseca, Nilo Peçanha, Rodrigues Alves e Washington Luís.

Os alunos da sede se reuniram em assembleia e decidiram sair em passeata de protesto, da escola na Rua Marechal Floriano até o Palácio Capanema, na Rua Graça Aranha. Ao chegarem ao prédio do Ministério da Educação e Cultura, o MEC, os estudantes receberam, das janelas, acenos de apoio dos funcionários. E cantaram o hino do colégio, que em certo trecho bem definia o pensamento de todos eles: "Vivemos para o estudo/ Soldados da ciência/ o livro é nosso escudo/ e arma, a inteligência".

Ainda em 1966, Carlos Eugênio, alagoano e sobrinho-neto de Graciliano Ramos – autor do clássico *Memórias do cárcere*, no qual revela sua luta, a prisão e o suplício durante o governo Vargas –, conheceu Marighella através da família de Alex, seu colega no Pedro II. E num banco do Aterro do Flamengo, conversando com o líder comunista que já andava às turras com o partido por conta de sua linha política, decidiu aderir à proposta da luta armada. Tinha 16 anos.

Enquanto isso, novos "moradores" chegavam à Vila. Como Regina, a Neném. Tinha 12 anos e ficou curiosa quando as irmãs mais velhas voltaram da praia dizendo que conheceram uns meninos interessantes. Eram os irmãos Oscar, Sérgio e Dênis, das casas 7 e 8. Neném morava ali perto, na Praça São Salvador, e conta que entrou na Vila em 1967, "pelas próprias pernas", por mera curiosidade de adolescente. Sentiu-se acolhida por toda a turma e foi ficando. Além da casa 4, ela começou a frequentar a casa 2, porque se tornou muito amiga de Leilinha, irmã de Arnaldo.

E mais restrições amordaçam o país. A ditadura militar promulga uma nova constituição e sanciona a nova lei de imprensa, chamada de Lei Rolha. Jornalistas, artistas, escritores e intelectuais protestam em São Paulo. O general Artur da Costa e Silva toma posse em março de 1967 como novo ditador do Brasil. Em julho, um acidente de avião no Ceará mata o general Castelo Branco. A guerrilha de Caparaó é sufocada, todos são presos. É decretada uma nova lei de Segurança Nacional para proteger o Estado do "inimigo interno" – no caso, quem era contra o regime vigente.

Arnaldo, com seus 15, 16 anos, estudava no Pedro II-Norte, no Engenho Novo, e viveu ali, naquele ano de 1967, sua primeira greve estudantil. Chegou a escrever, no livro de memórias da escola, sobre a greve e toda a experiência passada no colégio. Arnaldo vinha de uma escola tradicional de Marechal Hermes, a Professor José Acioli, e ingressara, já morando na Vila, no Pedro II, que contava com um grêmio forte e atuante, respeitado por alunos, professores e pela própria diretoria – coisa que não existia em sua antiga escola. Não era fácil impor medidas antipáticas aos alunos sem que isso gerasse contestação. Daí a greve contra o diretor, professor Sebastião Lobo, que queria proibir cabelos compridos nos meninos, adotar a obrigatoriedade esdrúxula de guarda-chuvas azuis e manter o uso da gravata no uniforme.

Arnaldo registrou assim no livro da instituição: "Os caras do grêmio estavam na porta da escola e anunciaram a paralisação. Um aluno (*Rui, irmão da Ceres, que Arnaldo conheceria tempos depois*) subiu no muro e fez um discurso inflamado contra o diretor, o professor Lobo. Ele era um homem de baixa estatura que trabalhava diariamente de terno e gravata borboleta. Naquele dia, chegou de manhã e veio caminhando pela calçada contígua ao portão de entrada da escola".

O diretor Lobo não sabia o que o esperava. "Um grupo de alunos obteve um punhado de frutas podres em uma quitanda próxima... E uma enorme cabeça de lobo foi desenhada no muro branco junto ao portão... Era como aquelas ilustrações da história do Chapeuzinho Vermelho".

Quando o professor percebeu a armadilha, era tarde demais. Ao passar em frente à figura do lobo, os alunos atacaram. "Gritos de revolta se espalharam pelo ar e frutas de toda a espécie foram lançadas contra o diretor. O homem correu desesperadamente até o portão da escola e ali entrou quase aos tombos". Os cabelos compridos não foram cortados, mas a gravata azul continuou obrigatória; quanto aos guarda-chuvas azuis, não se falou mais deles. Arnaldo confessa que ficou apavorado: "Nunca imaginei que aquilo pudesse acontecer. Para um novato, como eu, foi uma espécie de batismo no Pedro II".

O movimento estudantil começava a sair às ruas, apesar dos primeiros sinais de que o pior ainda estava por vir. Na casa de Arnaldo, porém, a preocupação era outra. Os pais dele chamaram um padre para conversar com os meninos da Vila. Arnaldo lembra bem: "Padre Eduardo tinha escrito um livro intitulado *Os jovens e seus problemas* e foi fazer uns encontros lá em casa". A catequese não deu muito certo. Alex, por exemplo, segundo Arnaldo, só faltou morder o coitado do padre.

Cada vez mais a política dominava as conversas da turma, fosse nas festinhas ou nos acampamentos. Uma noite, por exemplo, decidiram dormir numa gruta na Floresta da Tijuca. Dona Maria Augusta não deixou; considerou uma imprudência dos meninos. Mesmo assim, lá foram eles. Durante a noite, um breu danado, custaram a dormir, segundo Aloisio, porque Alex e Márcio Madeira passaram todo o tempo falando de política e da Guerra do Vietnã – Márcio era amigo de infância da turma e frequentador da primeira fase de atividades na Vila; é fotógrafo, mora na França e se corresponde com o grupo.

Nos Estados Unidos, Fernanda e Glauco participam da marcha pela paz, em Washington, logo depois do assassinato, em Memphis, Tennesse, do pastor Martin Luther King, líder do movimento pelos direitos civis nos Estados Unidos. "Foi uma das coisas mais lindas que eu vi", diz Fernanda. De lá, mandaram notícias também sobre o impacto, no povo americano, da grande ofensiva vietcongue que iria mudar o rumo da Guerra do Vietnã.

O mundo vivia dias turbulentos sob o lema "É proibido proibir".

Estudantes franceses ocupam as ruas de Paris. A revolta de maio de 68 recebe a adesão da classe trabalhadora, se alastra por todo o país em protesto contra os sistemas educacional e capitalista na França e inspira outras nações. A então Tchecoslováquia desafia a também então União Soviética no movimento que ficou conhecido como Primavera de Praga, em defesa de reformas políticas, econômicas e culturais. A ONU, Organização das Nações Unidas, realiza em Teerã uma conferência internacional para avaliar o que estava acontecendo no mundo 20 anos depois da aprovação da Declaração Universal de Direitos Humanos.

A turbulência chegava por aqui. Nesse ano de 1968, Arnaldo transferiu-se para o Pedro II-Sede, onde já estudavam vários companheiros da Vila, entre eles Ronaldão, Vera, Amauri, Ronilda e Carlinhos, que viera do Pedro II-Sul, no Humaitá. Iara também estudava na unidade Sul com o irmão Alex, mais Carlos Eugênio, Marquinhos e George; depois foi para a sede, na Marechal Floriano.

O diretor-geral do Pedro II era o professor Vandick Londres da Nóbrega, reacionário notório que não escondia seu apoio à ditadura militar. Foi um ano repleto de emoções, muito aprendizado político, bastante malandragem e uma certa dificuldade na relação com alguns professores "carrancudos e intolerantes", segundo Arnaldo escreveu no livro de memórias do colégio: "Tinha um professor de química, conhecido como Galper, cujas provas eram sempre orais e individuais... Implacável, pedia alguma fórmula de química orgânica, tipo butano, qualquer coisa... Mais de 90 por cento da turma errava e ele não tinha dó. Zero!". Quando chegou a vez de sabatinar Arnaldo, a sentença já estava pronta, um massacre inevitável: "Arnaldo Galeno! Zero!".

Outro professor que fazia a turma sofrer: Luiz de Santa Maria, de matemática. Ele passava mais ou menos 150 exercícios de probabilidade e análise combinatória, "entre outras delícias", para serem feitos em casa de uma aula para outra. Certa vez, Arnaldo deixou de fazer os exercícios. A cobrança foi dura, segundo seu relato no livro da escola:

– Quem é Arnaldo Galeno?

Muito tímido, levantei o braço. Estava cheio de vergonha. Não fizera o dever de casa. Ele questionou:

– Por que você não entregou os exercícios?

Eu gaguejei algumas palavras tentando explicar a minha dificuldade em apresentar o trabalho. Ele me interrompeu seca e impacientemente:

– O que é que tenho a ver com isso?

Aquelas palavras não deixaram espaço para nenhuma negociação. Fiquei quieto e ele pressionou:

– E então?

Dentro de mim, despertou um atrevimento que eu não tinha e lhe respondi:

– Então o quê? O que o senhor quer ouvir, se já disse que não tem nada a ver com isso?

O homem me olhou enigmático e incrédulo... E disse, muito irritado:

– Sente-se, imediatamente!

Fiquei aguardando o pior... Quando me sentei, ele falou, imperioso:

– Levante-se!

Eu me levantei e ele concluiu, sarcástico e nervoso:

– Você já está reprovado em matemática. Não adianta mais vir às minhas aulas. Agora pode se sentar.

Com as reprovações, a compulsória em matemática e a bem provável em química, logo no início do ano, Arnaldo não tinha muito o que fazer. Comunicar ao pai, militar, seria suicídio. Resolveu tocar a vida como se nada tivesse acontecido. Passou a matar aulas, "sem qualquer preconceito", dos professores que já o tinham condenado. Atravessava a rua e batia ponto no salão de bilhar em cima da lanchonete Safa Onça, bem na esquina com a Avenida Passos. "Comia uns pastéis, bebia um caldo de cana e jogava sinuca com os colegas do colégio". Lembra, por exemplo, de boas partidas com o Ronaldão e os irmãos Aloisio e Carlinhos, que o tinham acolhido na Vila da Ipiranga.

Força combativa do movimento estudantil, os secundaristas passaram a ser vigiados de perto pela repressão. Em 1968 o Pedro II foi, por duas vezes, "visitado" pela polícia. A primeira na unidade Centro, por conta de um movimento dos estudantes que trancaram o diretor Tito Urbano em sua sala. Não era um movimento contra o professor, querido pelos alunos, mas uma forma de demonstrar ao diretor-geral que não aceitariam a retirada de Tito Urbano do cargo, ainda mais porque corria a história de que ele seria substituído por um professor ligado aos militares. O movimento acabou pacificamente, por interferência do próprio diretor defendido pelos estudantes.

O segundo episódio aconteceu no internato, que funcionava no prédio onde é hoje o campus de São Cristóvão. E foi bem mais sério. Os estudantes decretaram greve e ocuparam a escola em protesto contra a decisão de Vandick Londres da Nóbrega, que fechara o grêmio e chamara o Dops. Os agentes da repressão invadiram o prédio e recolheram material na sala destinada ao grêmio. Os estudantes ficaram sitiados no campo de futebol. A greve durou dez dias e só terminou depois de muita negociação.

O PCdoB e o PCB dominavam mais de cem grêmios, e o Pedro II liderava as mobilizações já há algum tempo. Paragua lembra que, na época dele, início de 1960, certo dia veio a orientação da UNE: paralisação geral. Os alunos da unidade Sul foram para a rua com a intenção de parar os bondes. Primeiro pegaram uma embalagem de geladeira, daquelas de papelão, e bloquearam o caminho. O motorneiro parou e a polícia mandou passar, porque aquilo era "brincadeira dos meninos". O bonde passou. Depois os alunos encheram de pedras uma outra embalagem e a colocaram nos trilhos. Os policiais não repararam e repetiram a ordem: "Pode passar". O bonde passou e descarrilou. O trânsito ficou congestionado do Largo dos Leões à Praia de Botafogo.

Aloisio recorda um outro episódio. Souberam de uma passeata relâmpago, daquelas para enganar a repressão, mas desconheciam onde iria acontecer. Foram à sede do Pedro II e descobriram que estava marcada para Madureira. Pegaram o trem na Central do Brasil, mas o trem não parou em Madureira, seguiu adiante. Os meninos só conseguiram saltar em Oswaldo Cruz. Pegaram dois táxis e rumaram para Madureira. Quando chegaram, a passeata já tinha acabado. Frustrados, pegaram o trem de volta para o Centro e, ao parar na estação de Engenho de Dentro, armou-se uma confusão na plataforma. O trem partiu debaixo de uma chuva de pedras.

Ainda estavam agachados no fundo do vagão quando um grupo entrou, com paus e pedras nas mãos. Eram estudantes do Senai, em guerra com os alunos do Pedro II Norte. Arnaldo complementa a história: "Para infelicidade nossa, estávamos uniformizados. Fomos cercados, encurralados, ameaçados: 'Vão levar porrada!'. Tomei um chute na perna. Convencer os caras de que éramos de uma outra unidade (*a unidade Centro*) e que não tínhamos nada a ver com aquela briga não foi fácil".

O cerco apertava e o "inimigo interno" reagia se organizando nas escolas e faculdades. Carlinhos, por exemplo, lembra da disputa pelo grêmio do Pedro II. Ele e Iara participaram da chapa Trabalho e Liberdade – o grêmio acabou fechado no fim do ano. Chiquinha, Juca, Bira, Paulo Baía, Osiris e Quelé agitavam o grêmio Lourival Câmara, da Escola Nacional de Ciências Estatísticas, a Ence. Havia ainda mobilizações no Zaccaria, Santo Inácio e Aplicação. Toda uma programação cultural também aproximava colégios e estudantes.

Mas o "inimigo" não marcava presença apenas no meio estudantil. Era forte também na classe artística. O show *Opinião*, com Nara Leão (depois Maria Bethânia), Zé Keti e João do Vale, foi considerado a primeira manifestação artística de resistência. Dirigida por Augusto Boal em 1964, o show-manifesto intercalava músicas e textos sobre as questões sociais e políticas que afligiam o país.

Depois vieram *Liberdade, liberdade*, de Millôr Fernandes e Flávio Rangel, com Paulo Autran e Tereza Rachel, em 1965, e proibida no ano seguinte (uma colagem de textos e canções sobre o tema-título, tão raro no Brasil daquela época); *Rei da Vela*, peça escrita por Oswald de Andrade em 1937, às vésperas da ditadura do Estado Novo e dirigida 30 anos depois por Zé Celso Martinez, que tecia críticas à concentração de poder num país subdesenvolvido (um grito rebelde e anarquista contra a censura e o autoritarismo); e *Roda viva*, de Chico Buarque de Holanda e também dirigida por Zé Celso Martinez, que, encenada e censurada em 1968, fazia uma reflexão sobre a sociedade de consumo e os problemas do país. *Roda viva* foi, por duas vezes, alvo de violência. O Comando de Caça aos Comunistas invadiu teatros onde a peça era encenada, em São Paulo e no Rio Grande do Sul, agredindo artistas e depredando cenários. O CCC foi um movimento criado em 1963 por estudantes conservadores da Faculdade de Direito da Universidade de São Paulo (USP) e da Universidade Mackenzie, que durante a ditadura e no período de abertura democrática se tornaria uma organização paramilitar atuante em todo o país, com participação em sequestros, prisões e atentados.

Aloisio fala desse período com emoção: "Vivíamos a nossa época: montanhismo, festas, cultura e política na veia. Estávamos ali, vendo surgir Chico Buarque, Milton Nascimento, Edu Lobo, grandes nomes, discos antológicos, festivais de música...". Iara e Carlinhos lembram de um em especial, o Festival da Canção, no Rio de Janeiro, com a vitória polêmica da música *Sabiá*, de Chico Buarque e Tom Jobim, que trazia na letra o sentimento de quem estava no exílio: "Vou voltar/ sei que ainda vou voltar/ para o meu lugar/ Foi lá e é ainda lá/ que eu hei de ouvir cantar/ uma sabiá". Para Iara e Carlinhos, o dilema estava em se preservar ou se engajar. Por isso defenderam a vitória de *Pra não dizer que não falei de flores*, música-convocação de Geraldo Vandré: "Pelos campos, há fome/ em grandes plantações/ Pelas ruas, marchando/ indecisos cordões/ Ainda fazem da flor/ seu mais forte refrão/ E acreditam nas flores/ vencendo o canhão/ Vem, vamos embora/ que esperar não é saber/ Quem sabe faz a hora/ não espera acontecer."

Carlinhos estava no Maracanãzinho. Conta que uma vaia estrepitosa ensurdeceu o ginásio e confessa: "A gente queria derrubar a ditadura e conquistar o poder, não se exilar para voltar sei lá quando". Outra polarização musical dividia nossos jovens: Dois na Bossa ou a Jovem Guarda? Quando veio a Tropicália, então... "Guitarra na música popular era o imperialismo invadindo o Brasil", comenta Carlinhos.

LUTA, LUTO E UNIÃO

Na noite do dia 28 de março de 1968, um protesto sobe ao palco de todos os teatros do Rio de Janeiro: os artistas interrompem seus espetáculos para comunicar a morte de um estudante na cidade, tema que inspirou uma trilha sonora contra a violência da repressão:

"Meia cama, meio caixão/ Cala a boca moço/ Da cana caiana eu canto/ Cala a boca moço/ Só o bagaço da canção/ Cala a boca moço/ Cala o peito, cala o beiço/ Calabouço, calabouço". (*Calabouço*, Sérgio Ricardo)

"Quem cala sobre teu corpo/ consente na tua morte/ talhada a ferro e fogo/ nas profundezas do corte/ que a bala riscou no peito". (*Menino*, Milton Nascimento e Ronaldo Bastos)

"Morte, vela, sentinela sou do corpo/ desse meu irmão que já se foi/ Revejo nessa hora tudo que aprendi/ Memória não morrerá/ Longe, longe, ouço essa voz/ que o tempo não levará/ Longe, longe, ouço essa voz/ que o tempo não vai levar". (*Sentinela*, Milton Nascimento e Fernando Brandt)

Sérgio Ricardo, primeiro, e Milton Nascimento, depois, soltaram a voz contra o assassinato de um estudante que desencadeou uma onda de protestos em todo o Brasil. "Foi aí que a sociedade entendeu que estávamos numa ditadura", destaca Glauco. O jovem morto era um paraense de família pobre que se mudara para estudar no Rio de Janeiro: Edson Luís de Lima Souto, 18 anos, aluno de segundo grau do Instituto Cooperativo de Ensino. Ele estava no restaurante Calabouço, mantido pela União Metropolitana dos Estudantes, no Aterro do Flamengo, onde os estudantes protestavam contra o aumento do preço nas refeições. Edson só queria jantar. A polícia chegou para dissolver a manifestação e o matou com um tiro no peito, disparado à queima-roupa.

O corpo de Edson foi levado pelos estudantes até a Câmara dos Vereadores, na Cinelândia, e lá mesmo aconteceu o velório. A cidade parou, chocada com a brutalidade da repressão. No dia seguinte, uma multidão acompanhou o cortejo fúnebre do Centro até o cemitério São João Batista, em Botafogo. "Pessoas acenavam dos prédios, colégios se faziam representar com seus alunos uniformizados", descreve Aloisio. Já era noite quando o cortejo passou pela Praia de Botafogo. O corpo do estudante chegou ao cemitério sob a luz de velas, num sinal de luto e protesto, para ser enterrado ao som do Hino Nacional, entoado pela multidão. "A morte do estudante aconteceu logo depois da greve na Faculdade de Química da UFRJ, sob a liderança de Jean Marc von der Weid e José Roberto Brom de Luna", lembra Carlinhos.

A onda de protestos cresceu, e no dia 4 de abril foi celebrada a missa de sétimo dia na Igreja da Candelária. Tropas do Exército, da Polícia Militar e dos Fuzileiros Navais ocuparam as ruas do Centro, onde os cinemas da Cinelândia anunciavam cartazes sugestivos: "A noite dos generais", "À queima-roupa", "Coração de luto" e "A fúria dos bárbaros".

Na verdade, foram duas missas. A primeira, pela manhã, celebrada pelo cônego Antônio Dutra e frei Elias Coqueto, terminou com o avanço da cavalaria da Polícia Militar e muitos feridos. A segunda, formalmente proibida pelo governo, aconteceu mesmo assim. O vigário-geral do Rio de Janeiro, dom Castro Pinto, decidiu celebrá-la com a ajuda de outros 15 sacerdotes.

Um grupo grande da turma da Vila compareceu, mas só Carlinhos conseguiu entrar na igreja. Ao fim da celebração e para evitar uma tragédia, os padres, de mãos dadas, criaram um cordão de isolamento para que os estudantes, assim protegidos, pudessem sair em segurança. Saíram, mas a segurança durou pouco tempo. Como toda a região estava tomada por cavalos e policiais militares, os estudantes foram espancados e presos logo depois. Carlinhos escapou.

Parte do grupo já estava engajado politicamente. Assim como Gastone, Iara e Carlos Eugênio, também Alex e Iuri, filiados ao Partido Comunista, decidiram acompanhar Carlos Marighella e Joaquim Câmara Ferreira, que tinham rompido com o partido em 1967 e criado uma dissidência, o Agrupamento Comunista de São Paulo, que em 1968 ganhou o nome de Ação Libertadora Nacional, a ALN. O "racha" aconteceu porque Marighella e Câmara Ferreira questionavam a linha legalista do partido e defendiam a luta armada.

Iara, que aprendera a admirar e seguir Marighella na clandestinidade, condenou a postura do partido comunista à época: "Eles profissionalizavam as pessoas e depois as famílias ficavam abandonadas. Minha mãe, com a liga feminina, fazia um trabalho de apoio e, certa vez, ela e a Nieta Campos da Paz foram fazer uma reunião com as mulheres desses companheiros. Saíram corridas".

Nieta era Antonieta Campos da Paz, ativista do PCB e depois da ALN, que ajudava e abrigava militantes em sua casa (Iuri foi um deles) e acabou presa e torturada. "O partido atrasava os recursos e os filhos dessas famílias passavam fome. Nós fazíamos coleta de roupas e a Nieta, que circulava num meio mais favorecido, trazia muita coisa para os filhos desses companheiros. Isso me causou uma indignação muito grande".

Violados totalmente os direitos humanos, chegamos a um período marcado pelas maiores e mais significativas manifestações contra a ditadura. A turma da Vila participava de todas elas: as permitidas pelos órgãos de segurança, que eram poucas, e as proibidas e reprimidas com violência – a maioria delas. As ações não se restringiam aos protestos; ocorriam também antes deles. Em patrulhas, tal como nos tempos do escotismo, pequenos grupos subiam os mais altos prédios da Avenida Rio Branco para arremessar, lá de cima, panfletos convocando a população para a luta contra a ditadura.

O Pedro II sempre esteve representado nas manifestações, que a cada dia tomavam as ruas do Centro da cidade. Como os protestos geralmente terminavam em violência, com a polícia utilizando todo o tipo de armas – bombas de gás lacrimogêneo, cassetetes e os sabres da cavalaria para dispersar os estudantes –, a resistência era organizada. Arnaldo, por exemplo, conta a missão que lhe foi atribuída: "Não sei bem por que, talvez por não ser muito ativo no enfrentamento com a polícia militar, me foi dada a função de segurança das meninas. A expressão 'segurança das meninas' incomodava-me um pouco, mas quando pensava nisso já estava com a Ronilda e a Vera Machado, cada uma de um lado, com as mãos grudadas às minhas".

Arnaldo procurou cumprir à risca a missão, mesmo diante de situações inesperadas. "Fomos encurralados pela cavalaria da PM e, no desespero, encontramos uma pequena porta aberta, de um prédio baixo que já não existe mais, atrás do Teatro Municipal. Subimos uma escada estreita que levava para o primeiro piso. Alguém gritou desesperado, lá de cima: "Fecha a porta, senão eles vão invadir". Quando chegamos lá em cima, havia mulheres vestidas de modo nada convencional. Reparando melhor, percebemos que estávamos num inferninho. Fiquei lá, eu e minhas protegidas, até a pancadaria terminar. Ninguém nos tratou mal ou fez ameaças, à exceção de um bêbado que teria molestado a Vera quando ela foi ao banheiro. Ainda bem que não vi, senão teria que tomar minhas providências...".

Carlos Eugênio já vivia num esquema de semiclandestinidade. Estimulado por Marighella, que queria alguém na ALN pensando como militar, sentou praça no Forte de Copacabana, convocado para o alistamento militar. Em maio de 1969 começou a servir no quartel que era subordinado ao I Exército, comandado pelo general Siseno Sarmento, responsável pela criação do Centro de Operação de Defesa Interna, o Codi, mais tarde transformado em Destacamento de Operações e Informações (DOI).

Carlos Eugênio chegou a ser condecorado com a medalha de "melhor soldado do quartel" e, como tal, profundo conhecedor do treinamento antiguerrilha ministrado no forte. Certa vez explicou: "Minha rotina era simples: servia no quartel, nas folgas saía para a rua e praticava as ações de guerrilha. Depois, voltava pro quartel e tudo seguia normal". Até a hora em que os oficiais superiores começaram a desconfiar da segunda atividade do brioso soldado Paz, 810, da segunda bateria. Não teve jeito: para fugir da cana, desertou levando consigo o fuzil FAL, que se tornaria companheiro na luta armada.

Sobre a condecoração, Carlos Eugênio contou à repórter Ana Helena Tavares, em 25 de março de 2011, no programa *Outras palavras*, o destino dado à medalha: "Eu ganhei a medalha e levei pra casa. Só que houve um problema. Logo em seguida (*julho de 1969*), minha irmã foi presa e torturada barbaramente pelo mesmo Exército que havia me condecorado. Então peguei a medalha e joguei num bueiro, na Avenida Princesa Isabel, perto do Túnel Novo".

Esse era o "Clemente", o guerrilheiro da ALN que não tinha tempo para mais nada. Quem sentiu sua falta foi o time da Vila, que jogava umas peladas nos campinhos do Aterro do Flamengo. Carlos Eugênio agarrava muito bem, conta Arnaldo, esforçado jogador dessa seleção, ao lado de Girafa, Aldo e Paulo Veríssimo. "Um dia, a caminho do Aterro, encontrei Aldo e Girafa voltando. Apressados, desabafaram: 'Ficou ruim pra gente'. Logo depois, Carlos Eugênio também sumiu". Os últimos registros públicos da presença dele aconteceram nas manifestações de junho de 1968.

Quarta-feira, 19 de junho. Pela primeira vez uma passeata estudantil iniciada em frente ao MEC chegava à Cinelândia e era cercada pela cavalaria. Aloisio, que estava nas imediações, conta que os estudantes jogavam bola de gude para derrubar os cavalos da repressão. Carlinhos recorda que foi nessa manifestação que prenderam o líder estudantil Jean Marc von der Weid. Ele estava num grupo que virou e incendiou um jipe do Exército. Há controvérsias. Jean Marc alega que só estava lá para afastar o pessoal, por receio de uma explosão. Um dos combatentes do Incrível Exército cochicha, com um sorriso enigmático: "Ainda bem que saí de costas na fotografia...".

Quinta-feira, 20 de junho. Cerco à Faculdade de Economia da Universidade Federal do Rio de Janeiro, na Urca. Aloisio e Iara testemunharam.

> **Iara** – *"Eu estava estudando para uma prova de matemática com a Virgínia e a Moema. Marquinhos, que viria a ser morto com o Iuri quatro anos depois, ligou para dizer que o Alex estava lá dentro da faculdade, que o cerco da polícia era grande e que ele provavelmente seria preso".*
>
> **Aloisio** – *"Acontecia a assembleia. Já perto do fim, a situação começou a ficar tensa, como no cerco à Faculdade de Medicina, em 1966".*

Iara – *"Marighella tinha passado uma orientação. Não queria que participássemos de qualquer manifestação. Estava proibido. Ainda argumentamos: 'Vão nos chamar de covardes'. Ele respondeu: 'Não importa'. Pensei com os meus botões: o 'Preto' vai comer o fígado desse menino".*

Aloisio – *"Clementino Fraga, professor emérito que viria a ser reitor da UFRJ em 1973, foi pra frente da galera e informou que tinha negociado com o governador Negrão de Lima uma saída tranquila, em segurança, apesar do cerco montado pela polícia".*

Iara – *"E lá fui eu correndo, a besta aqui, para tirar o Alex de lá. Virgínia ainda pegou uma blusa vermelha de cashmere e me disse: 'Leva porque o tempo tá feio'. Cheguei na porta, polícia por todo o lado, fiquei naquela de entro, não entro, entro, não entro... acabei entrando".*

Aloisio – *"Na hora de sair, cadê a segurança prometida pelo Negrão de Lima? A polícia baixou o pau. Saímos correndo em direção a Botafogo. Acabamos presos. Fui rendido junto com toda a turma: mãos erguidas, de cara para o muro do Botafogo. No filme de Sílvio Tendler,* ***Jango****, eu apareço de costas".*

Iara – *"Alex e Carlos Eugênio estavam no grupo de segurança do Vladimir Palmeira e do Luís Travassos, líderes estudantis. Eles conseguiram sair. Fizeram o caminho por onde hoje é o shopping Rio Sul. Nem cheguei a encontrar o Alex, só soube que ele e o Carlos Eugênio tinham escapado. Acabei presa e levada para o campo do Botafogo com a maldita blusa vermelha. A gente tinha que ficar com a mão na cabeça, olhando pra baixo. Fui levantar o rosto e um cara do Dops gritou: 'Essa aí pode separar, porque até a roupa dela é de comunista'".*

Aloisio – *"Para completar, uma equipe da TV Globo me filmou quando eu entrava no camburão. Agora bem de frente. Lá em casa, meu irmão Betão viu a imagem na TV e alertou meus pais".*

Iara – *"A sorte que eu tive é que a menina que estava atrás de mim provavelmente era filha de alguém importante. Ela me perguntou:*

'Seus pais vêm buscar você?'. Eu respondi: 'Não, eles estão viajando'. Ela disse: 'Então me dá teu nome. Se eu conseguir passar uma mensagem para minha família, meu pai vem me buscar e te tira também'. Entramos no ônibus da polícia rumo ao Dops. Separaram as mulheres dos homens. Era uma quinta-feira. Os meninos que passavam de carro viam aquele bando de mulheres e nós, das janelas dos ônibus, gritávamos: 'Olha, estão levando a gente para a prisão, segue a gente!'. Quem conseguia, jogava papéis com recados para avisar a família".

Aloisio – *"Meu pai tinha um irmão que trabalhava com Alfredo Tranjan, que à época era advogado do Cecil Borer, chefe do Dops, para onde nós fomos levados. Assim, conseguimos sair. Um delegado passou por mim e ainda falou: 'Você tem costa quente, mas vê se fica quieto amanhã'. Já se preparavam para reprimir outra passeata, programada para o dia seguinte".*

Iara – *"De repente, chamaram meu nome. Levei um susto. O que será que vai acontecer? Para minha surpresa, só falaram: 'Sai, sai logo'. Saí e lá fora encontrei a Maria Augusta, que estava tirando o Carlinhos, que também tinha sido preso".*

Sexta-feira, 21 de junho. Nova manifestação na Avenida Rio Branco, que resultou no mais violento dos confrontos entre estudantes e policiais. O Beat havia ligado com a seguinte mensagem para a turma da Vila: "Aqui na cidade está tudo azul". Não se tratava da tranquilidade ansiada. Beat se referia aos policiais militares que, àquela época, usavam capacetes azuis.

As pessoas que trabalhavam no Centro apoiavam o movimento, que rapidamente se transformou em conflito, noite adentro. Os estudantes respondiam, com paus e pedras, à ação da polícia. Do alto dos prédios eram arremessados nos policiais vasos, garrafas, cinzeiros, tijolos e até uma máquina de escrever. Os números expressam a violência do confronto: 23 pessoas baleadas, quatro mortas e mais de mil presas.

Quarta-feira, 26 de junho. A repressão brutal da sexta-feira sangrenta teve consequência imediata. Estudantes, artistas, intelectuais, políticos e outros segmentos da sociedade civil juntaram-se para organizar uma grande manifestação e marcaram a data: 26 de junho de 1968. Aloisio conta que a turma da Vila participou entrando em todos os ônibus que passavam pelo Largo da Carioca, com a missão de recolher dinheiro "para a luta do povo".

Com o dinheiro arrecadado, foram até a Mesbla, loja de departamentos que havia no Passeio, e compraram dezenas de sprays de todas as cores, para as pichações contra a ditadura, e os primeiros alvos foram, justamente, os ônibus. Às duas da tarde, a passeata começou com cerca de 50 mil pessoas. Uma hora depois, o número já havia dobrado. Participava todo tipo de gente. Famosos como Chico Buarque, Caetano Veloso, Gilberto Gil, Vinicius de Moraes, Eva Wilma, Tônia Carrero, Cacilda Becker... e anônimos.

Carlinhos localizou no livro *1968 destinos 2008: Passeata dos 100 Mil*, do fotojornalista Evandro Teixeira, uma imagem em que aparecem Belela e Carlos Eugênio, a mãe deles Maria da Conceição, o próprio Carlinhos e a irmã Alicinha. Até padres e freiras estavam irmanados no protesto, que em função da repercussão da violência da "sexta-feira sangrenta" tinha sido autorizado pelo Comando Militar.

Em frente à Igreja da Candelária a multidão, ostentando uma enorme faixa com os dizeres "Abaixo a ditadura, o povo no poder", acompanhava atenta o discurso indignado do líder estudantil Vladimir Palmeira lembrando o assassinato de Edson Luís e cobrando o fim da ditadura. Fato raro, talvez o único em todo esse período de protestos: não houve conflito. O aparato policial era grande, mas limitou-se a acompanhar a manifestação popular em todo o seu trajeto.

Uma das imagens marcantes da manifestação, que ficou conhecida como a Passeata dos Cem Mil, retrata um jovem pichando, com um daqueles sprays comprados na Mesbla, a parede do Teatro Municipal: "Abaixo a ditadura". O jovem de 18 anos era Aloisio, flagrado de costas fazendo história. A foto – na verdade, uma sequência tirada, letra a letra, por Kaoru Higuchi, então fotógrafo do *Jornal do Brasil* – ilustra diversas publicações, entre elas a capa do livro *A ditadura envergonhada*, do jornalista Elio Gaspari.

PARCERIA NA SERRA, PRISÕES EM IBIÚNA

Em meio a toda essa convulsão, quem desembarcou no Rio de Janeiro? Glauco, trazendo a tiracolo o amigo Ned, médico e poeta que conhecera em Maryland, e as saudades de Susan, a grande paixão que deixara nos Estados Unidos. Não foi uma volta definitiva. Veio de férias e passaria apenas três meses no Brasil. Ned foi morar na casa dos Xavier Pereira. Ficou amigo de Alex, Iuri e Iara. Era de família judia e se apaixonou pela música brasileira. Chegou a participar de algumas aventuras com a turma da Vila. "Fizemos, por exemplo, uma escalada no Pão de Açúcar com o Alex e a Gastone", recorda Glauco: "Temos fotos dessa escalada, são as últimas fotos do Alex".

Glauco passou a frequentar a casa 4 da Vila como se fosse sua: "Era minha segunda casa, tipo irmão de Aloisio e Carlinhos, dormia lá, guardava roupa, até cueca". Na época participou de um acampamento na sede Guapimirim do Parque Nacional da Serra dos Órgãos, uma região com inúmeras cachoeiras, toda a exuberância da Mata Atlântica, opções de trilhas, ruínas e prédios históricos, como o Museu Von Martius e a capela Nossa Senhora da Conceição do Soberbo, construída em 1713 numa ilha do Rio Soberbo.

Foi um acampamento inesquecível não apenas pela beleza do lugar, mas por aproximar casualmente o grupo da Vila da Ipiranga de um outro grupo formado por estudantes da Escola Nacional de Ciências Estatísticas (Ence). O assunto rende hoje uma boa conversa entre eles.

> **Carlinhos** – *"Não sei se vocês se lembram bem... A gente entrava, tinha logo um lago, o Museu Von Martius, andávamos uns 15 minutos para chegar ao poço principal e, logo depois, antes de chegarmos ao poço da ponte velha, tinha um larguinho, num descampado.*
>
> **Aloisio** – *"Nós ficamos na serraria, logo depois da entrada da estrada, à direita, e o pessoal da Estatística ficou mais embaixo, para a esquerda, naquela clareira que o Carlinhos citou".*
>
> **Juca (Ence)** – *"Lembro que perto de onde acampamos tinha um grupo que eu achava que era da TFP* (Tradição, Família e Propri-

dade, organização católica de extrema direita criada por Plínio Corrêa), *mas não, depois descobrimos que era uma turma de judeus treinando tiro.*

Chiquinha (Ence) – *"Era de judeus, sim. Eles botavam a rapaziada para treinar tiro".*

Glauco – *"Quem estava nesse grupo da Ence?".*

Chiquinha – *"Bola foi, Bira, Juca, eu... E tinha mais uma pessoa, não lembro agora quem...".*

Aloisio – *"O Paulo Baía. Lembro que ficamos cantando ali à noite, na beira do rio, numa pedra, tendo ao fundo o Monte Escalavrado, à esquerda, bonito, altivo...".*

Chiquinha – *"O romantismo do Aloisio me faz lembrar de tudo".*

Carlinhos – *"Todo mundo no bolo, molecada... Eu tinha 17 anos. A pedra era um pedrão, ficava no descampado. Subimos nela, era uma noite muito bonita, aberta, ficamos ali curtindo, vendo quem pegava quem... coisa de moleque".*

Glauco – "Era uma maravilha".

Aloisio – *"Fora os namoros que podem ter acontecido, era um encontro de amigos num ano emblemático pra gente".*

Glauco – *"Juntamos nosso grupo de amigos de infância, do escotismo, da adolescência, dos bailinhos e dos namoros a uma nova turma de amigos. O acampamento marcou, além da interseção entre duas escolas, Pedro II e Ence, a interseção dessa nossa história".*

Aloisio – *"Lembro ainda que voltamos até Barreiras, todos juntos, naquele trem que mais parecia um trem fantasma. Aterrorizante! Chovia bastante, uma tempestade de relâmpagos e trovões... Sensacional".*

Juca – *"E não era nada político".*

Glauco – *"Não, não era nenhuma ação política. Era uma coisa de jovens que curtiam o montanhismo, a música, a natureza, a amizade. Mas já tava todo mundo com a cabeça feita. Tanto que cada um ganhou um apelido que começava com o aposto 'che', uma alusão à figura de Che Guevara relacionada à história que todos viviam naquela época".*

Glauco dá uma boa risada ao lembrar que Moema, por exemplo, era a "Che-rosa". Moema namorava Carlinhos, enquanto Glauco se encantou, inspirado que estava pela letra de *Soy loco por ti América*, de Gil e Capinam, sucesso na voz de Caetano Veloso, por uma certa – e misteriosa – "guerrilheira-manequim"... "Estou aqui de passagem/ Sei que adiante, um dia vou morrer/ de susto, de bala ou vício/ de susto, de bala ou vício/ Num precipício de luzes/ entre saudades, soluços/ eu vou morrer de bruços/ nos braços, nos olhos/ nos braços de uma mulher/ nos braços de uma mulher/ Mais apaixonado ainda/ dentro dos braços da camponesa/ guerrilheira, manequim, ai de mim/ Nos braços de quem me queira".

Glauco conta que, na ocasião, a ALN da Iara já estava "botando pra quebrar" e o grupo de amigos celebrava cada ação contra a ditadura, qualquer que fosse o movimento de esquerda nela envolvido: Polop (Organização Revolucionária Marxista – Política Operária), Colina (Comando de Libertação Nacional), MR-8 (Movimento Revolucionário 8 de Outubro), ALN (Ação Libertadora Nacional), VPR (Vanguarda Popular Revolucionária), VAR-Palmares (Vanguarda Armada Revolucionária Palmares), PCBR (Partido Comunista Brasileiro Revolucionário)... Não importava.

Algumas meninas, porém, não queriam saber de política, preferiam as festinhas e os namoricos. Sofreram discriminação por isso. Foram taxadas de alienadas. Um ataque machista afastou parte delas durante um bom tempo. Glauco as trouxe de volta ao fazer um texto que distribuiu para todo o grupo e que, em certo trecho, argumentava a favor das meninas: "Elas tinham medo, suavam nas mãos, mas eram mágicas, lindas... Ultrapassavam revoluções, rompiam barreiras, corrompiam falsas ideologias. E eram muito sacaneadas... Quantas vezes foram as mais companheiras de todas as companheiras?".

A escalada da repressão prosseguia sufocando as liberdades democráticas. Ora com a negativa veemente a qualquer reivindicação dos estudantes e dos representantes da sociedade civil, ora com a repressão mais intensa às passeatas, que já não aconteciam com a mesma frequência. A resistência tentava se reestruturar, crescia a opção pela luta armada.

Na Vila, Aloisio recebeu uma visita inesperada. "Certa noite, estava sozinho em casa, e surge o Alex, com uma capa enorme, fumando um Continental atrás do outro, para revelar que a revolução iria começar e que estava indo para o Paraná". Aloisio achou estranho, hoje acha graça. Na verdade, Alex e o irmão Iuri estavam indo para Cuba. Faziam parte do segundo exército que Marighella enviava para treinamento na ilha de Fidel.

O primeiro grupo fora mandado um ano antes, em setembro de 1967. Ficou em Cuba até julho de 1968. Era integrado por 16 militantes, entre eles Virgílio Gomes da Silva, que viria a comandar a ação de captura do embaixador americano Charles Burke Elbrick, em setembro de 1969. No total, até 1971, quatro exércitos e cerca de cem militantes estiveram na ilha aprendendo noções de guerrilha urbana (fabricação de explosivos, montagem e desmontagem de armas, sabotagem, vida clandestina e ações de rua) e de guerrilha rural (marchas, escaladas, camuflagem, técnicas de ação e tiro).

Os porões da ditadura se enchiam de gente. Centenas de estudantes e operários foram presos; líderes, como Vladimir Palmeira, também. Um evento, em especial, provocou polêmica: o congresso da União Nacional dos Estudantes (UNE) em Ibiúna, São Paulo, no dia 12 de outubro de 1968. Paragua estava lá. Tinha voltado, em 1967, do exílio voluntário na Europa.

O relato dele é contundente e crítico: "O movimento estudantil, à época, era dominado pela dissidência do Rio de Janeiro, liderada pelo Vladimir Palmeira, e a dissidência de São Paulo, comandada pelo José Dirceu. Eu atuava na Faculdade de Arquitetura da UFRJ, depois estendemos nossa ação por várias faculdades. E o PCdoB foi para o congresso da UNE com uma relativa força. Eu sabia e tinha certeza que iríamos cair, porque era um absurdo, naquela época, fazer um congresso numa fazenda em Ibiúna... Tinha aquela intuição política, que aprendi com meu pai. Ele dizia: 'Não vai'. Eu respondia: 'Tenho que ir, tem muita gente lá que eu recrutei'. Era um absurdo total, total. Imagina só: 700 estudantes numa cidade pequena... Comprávamos, todas as manhãs, 800 pães nas poucas padarias da região. Claro, isso chamava a atenção. A polícia sabia, o Exército sabia... Cercaram a gente. Só tinha um revólver, que era o do Tasso, responsável pela segurança do congresso. O Dirceu queria que a gente resistisse... Se resistíssemos, meu amigo, seria um massacre. Fomos todos presos".

Um mês depois, um outro combustível atiçou mais fogo ao movimento estudantil. O governo militar promulgou a lei 5.540 e implantou uma reforma universitária, anunciada como uma racionalização do ensino para adaptar as faculdades às novas necessidades de desenvolvimento do Brasil, um país que, segundo a propaganda oficial, "vai pra frente".

A lei, elaborada sem que estudantes e professores fossem ouvidos, previa mudanças nas normas de acesso às universidades e a progressiva privatização do ensino superior. Sua elaboração foi marcada pela influência estrangeira, sobretudo americana. Nesse contexto nasceu o malfadado acordo MEC-Usaid. Sob o pretexto de fornecer subsídios para a reformulação do ensino superior, a agência americana United States Agency for International Development tinha, como objetivo, difundir o modelo capitalista na educação brasileira.

Uma das bandeiras do movimento estudantil contestava o acordo MEC-Usaid e defendia a ampliação do número de vagas nas universidades federais. Ano após ano crescia o número de excedentes, candidatos que, apesar de aprovados no vestibular, não conseguiam matrícula – de 1966 para 1967, por exemplo, o aumento foi de mais de 60% –, revertendo um quadro positivo do início daquela década. O principal motivo desse cenário foi a redução, pelos militares, dos investimentos em educação. O orçamento destinado à área só caía. Foi de 11% em 1965, 9,7% em 1966, 8,7% em 1967 e 7,7% em 1968.

Alguns protestos ainda aconteciam. Mas no dia 13 de dezembro de 1968, o pouco que restava de legalidade no Brasil caiu por terra.

O Governo militar baixa o Ato Institucional Número 5, que autoriza o presidente da República a fechar o Congresso e as assembleias legislativas estaduais, dá plenos poderes para cassar mandatos eletivos, suspender direitos políticos, demitir ou aposentar juízes e funcionários, calar a imprensa e censurar produções culturais. O ex-presidente Juscelino Kubitschek, o ex-governador Carlos Lacerda, os músicos Caetano Veloso e Gilberto Gil e centenas de pessoas são presas. O AI-5 foi uma reação dos ministros militares à rejeição, pela Câmara Federal, da cassação do deputado Márcio Moreira Alves.

O sonho revolucionário cegava os meninos da Vila. Eles não imaginavam quão duro, violento e cruel seria o regime daqui para a frente.

Grupo do Pedro II nos anos 1960, com Fernando carregando um colega nos ombros; Ao lado, o livro de memórias do colégio

Trezentos estudantes são presos no cerco da Faculdade de Economia da UFRJ, entre eles Iara, Aloisio e Carlinhos

ABAIXO A DITADURA
FORA DITADURA

ABAIXO A DITADURA
POVO NO PODER

Aloisio pichando o Theatro Municipal, durante a Passeata dos Cem Mil, em 1968

O Brasil reconheceu que vivíamos numa ditadura. No destaque, Carlos Eugênio, Belela e Maria (mãe deles), Alicinha e Carlinhos

Acampamento Che na subsede do Parque Nacional de Teresópolis, em 1968. Acima, Carlinhos (abaixado, de frente), Glauco (em pé ao fundo) e Arnaldo (em pé, à direita). Ao lado, a turma da Ence, com Bola (de touca branca)

Na escalada do Pão de Açúcar, um dos últimos registros de Alex em vida. Na foto abaixo, ele aparece entre Glauco e um amigo americano

3.
ENGAJAMENTO POLÍTICO

13 de dezembro de 1968. Ao mesmo tempo em que o AI-5 amordaçava de vez o país, a turma da Vila, ou pelo menos boa parte dela, já escolada no movimento estudantil, decidiu que era hora de lutar, fazer de tudo para que o país voltasse a ter voz, liberdade e democracia. Mas qual seria a melhor forma de travar essa luta? Um pequeno grupo absteve-se de participar. A maioria, porém, tinha a resposta até então entalada na garganta e dividiu-se em duas tendências, embora tivessem a mesma origem – o partido comunista – e o mesmo objetivo, derrubar a ditadura.

Parte concluiu que só a luta armada derrotaria o regime militar. Caiu na clandestinidade optando pela Ação Libertadora Nacional, de Carlos Marighella, e seguiu os passos de Alex, Iuri, Iara e Carlos Eugênio. Caso, por exemplo, de Aldo, Girafa, George e Valentim.

Parte entendeu que a melhor opção seria uma atividade política que, embora desenvolvida por uma organização clandestina, pudesse agir nos espaços legais ou permitidos pelo regime, e filiou-se ao PCdoB. Caso de quase todas as turmas da Vila e da Ence. Carlinhos esteve com um pé na ALN por influência de Alex, mas à última hora, nesse mesmo 13 de dezembro de 1968, dia do AI-5, aderiu ao partido que tinha renascido em 1962.

Explica-se o "renascido". No início de 1956, o Partido Comunista da União Soviética reorientou-se no sentido da desconstrução do stalinismo, em virtude dos crimes cometidos por Stalin, e redefiniu suas táticas revolucionárias em bases conciliadoras e pacíficas. No Brasil, acirraram-se as divergências internas quando o partido acatou as novas orientações, o que resultou na saída de antigas lideranças.

Em agosto de 1961, em meio ao cenário político conturbado, o PCB registrou-se no Tribunal Superior Eleitoral como Partido Comunista Brasileiro. A intenção era firmar-se como uma organização nacional e autônoma, desvinculada das entidades comunistas internacionais, e assim voltar à legalidade.

Em fevereiro de 1962, numa conferência extraordinária, convocada pelas lideranças divergentes, "renascia" o Partido Comunista do Brasil com a sigla PCdoB, tendo à frente João Amazonas, Maurício Grabois e

Pedro Pomar. O novo partido rechaçou a "via pacífica" para a revolução, criticou as decisões de Moscou e se aproximou da China de Mao Tse Tung ao defender, como estratégia, o cerco às cidades a partir do campo.

Num cenário de intensa luta ideológica acerca dos objetivos e bandeiras, das formas de organização e luta, o PCdoB lançou o documento "União dos brasileiros para livrar o país da crise, da ditadura e da ameaça neocolonialista". Defendia o fim dos atos e das leis de exceção, a anistia e a Constituinte, além de apontar como conduzir a luta armada na forma de guerra popular.

O clima, que já era pesado e sufocante, passou a ser irrespirável em 1969. Censura, exílio, cassações, perseguições, prisões, tortura, mortes, famílias novamente separadas. Aloisio, por exemplo, foi morar com o Beat logo depois do AI-5. "Barra pesada. Meus pais saíram de casa e me refugiei na casa do Beat, na Rua das Laranjeiras. Certa feita, um amigo meu foi lá me procurar. Tocou a campainha. Beat ficou transtornado. Pegou num porrete e correu para a porta. Queria me proteger. Pensou que era a polícia vindo me prender...".

Amizades assim são valiosas, mesmo que o amigo esteja do outro lado. Paragua contou, por exemplo, a história do Didi, colega de escola no Pedro II. Didi porque era negro e batia um bolão: "Eu dava cola de matemática pra ele e ele me escalava no time do colégio". Didi seguiu a carreira do pai delegado, virou policial. "Um dia a polícia me parou numa batida, com o objetivo de me revistar e revistar o carro. Didi me viu, me reconheceu e gritou ao longe: 'Opa, esse é meu amigão. Pode deixar comigo'. Me abraçou, me levou até o carro e me liberou". Paragua estava cheio de documentos do partido na bolsa.

Já filiado ao PCdoB, Carlinhos participou da criação da União da Juventude Patriótica, a UJP, espécie de porta de entrada para o PCdoB, com o objetivo de agregar jovens identificados com as lutas do partido. "Houve muita discussão sobre o que seria melhor: criar algo similar à União da Juventude Comunista, a UJC, ou ter uma coisa mais abrangente, anti-imperialista, pela soberania nacional e pela liberdade, tese de São Paulo que acabou aprovada". Carlinhos foi incorporado ao núcleo de secundaristas da UJP.

Recrutada por Bira, também filiado ao PCdoB, a turma da Ence – formada por Chiquinha, Bola, Bira, Paulo Baía, Osiris, Quelé e Juca – engrossou as fileiras da UJP. Juca diz que Bira era uma figura central na escola, um grande articulador na busca por novas adesões: "Começamos a atuar, a nos mobilizar para pegar o grêmio, que estava nas mãos do Partidão (*outro nome dado ao PCB*) e era meramente recreativo. Lançamos a chapa e ganhamos o grêmio". Chiquinha assumiu a presidência com o desafio de mobilizar o pessoal num processo de agitação discreto, porque o controle era muito grande na instituição. Nas horas vagas, as missões eram pichar e panfletar contra o regime militar.

Regina, a Neném, ainda terminava o ginásio quando entrou para a União Brasileira dos Estudantes Secundaristas (Ubes). Daí para o PCdoB bastou uma conversa com Leilinha, irmã do Arnaldo. Filiou-se com duas outras companheiras, "a irmã do Bira, Iracema, e mais alguém cujo nome não me recordo agora". Neném ficou mais próxima do grupo. Participava não só das caminhadas – "nunca escalei, por medo mesmo" –, mas também do movimento dos excedentes, dos encontros na igreja de São Francisco Xavier e no palácio do MEC, e de algumas ações "brancaleônicas". "Marcava ponto com a Leilinha e, na hora, não lembrávamos dos nossos codinomes", conta Neném.

Esses encontros eram rápidos e discretos, em locais movimentados, mas importantes na comunicação entre os militantes, que por meio deles se mantinham atualizados sobre orientações, notícias de companheiros, ações previstas etc. Se o encontro não acontecesse nesse primeiro contato, um ponto de repetição estava previsto para um certo tempo depois, como parte do esquema de segurança. Caso alguém não aparecesse no primeiro nem no segundo ponto, a informação era repassada, diante do risco de o companheiro ausente ter "caído".

E as famílias? Como reagiam ao engajamento político dos filhos? Tinham conhecimento do que estava acontecendo no Brasil?

Neném – *"Meu pai era bastante politizado, contrário ao golpe de 1964 e ao governo militar, mas meus pais só souberam sobre a minha militância em 1972".*

Angela – *"A política sempre foi um tema muito presente na minha casa, mas destaco a importância dos grupos de estudo sobre Hobsbawm, Marx e Engels, logo que entrei para a faculdade".*

Miriam – *"Vivi uma adolescência agoniada por causa da ditadura e devo muito a um guitarrista que namorava minha irmã e me ensinou muita coisa sobre política. Pois não é que esse rapaz virou bolsonarista?! Nunca mais falei com ele".*

Maria Alice Genofre – *"Só fui me interessar por política no fim dos anos 60, ao ler as obras de Jorge Amado. Lembro, por exemplo, de* ***Mar morto****. O livro retrata a vida difícil dos pescadores no cais de Salvador até a chegada de dois forasteiros, que procuram despertar a consciência da gente do lugar contra o marasmo e a opressão".*

Maria Alice Ramos – *"Minha família era completamente alienada em termos políticos. Pouca formação, pouca informação. Mas estimulava um caminho: a leitura. Li bastante e assim aprendi a questionar sempre, a ter uma visão crítica".*

Chiquinha – *"Não pude contar com minha família, apenas com uma tia que recebia notícias minhas por telefone. Um de meus irmãos pertencia a um órgão da repressão, o Cenimar, Centro de Inteligência da Marinha...".*

Juca – *"Venho de uma família progressista. Avó getulista, pais brizolistas. Mas nenhum engajamento político. Há uma exceção. Meu pai era contínuo do Senado, no Rio de Janeiro. Foi crescendo, batalhando, envolveu-se com a política, tentou ser vereador. Mas era um engajamento mais para descolar algum, para ver se arrumava uma posição melhor na vida. Acabou como auditor fiscal do estado".*

João Quental – *"Oitavo filho de uma família de classe média, com forte formação católica, vivi num ambiente cultural e politicamente favorável ao desenvolvimento de uma consciência política, fruto da influência de meu tio San Tiago Dantas* (advogado, jornalista, professor, deputado, ministro e embaixador, falecido em 1964), *apesar de não ter tido a oportunidade de conviver com ele".*

E o terror ganha status de órgão oficial. É criada a Operação Bandeirante, a Oban, em São Paulo, para centralizar e coordenar as operações de repressão com apoio e financiamento de empresários e banqueiros. O general Costa e Silva cai doente em agosto de 1969, uma junta militar assume funções e poderes da presidência por meio do AI-12 e estabelece que a pena de morte e o banimento passam a ser aplicáveis no combate ao que chama de subversão. Um decreto-lei endurece a Lei de Segurança Nacional. Novo ato institucional cassa 39 parlamentares e três ministros do Supremo Tribunal Federal (STF). No dia 17 de dezembro, Costa e Silva morre e outro general, Emílio Garrastazu Médici, assume o cargo. Começa a fase mais cruel do regime militar.

Glauco estava de volta, agora de vez. Chegou sem Susan. Planos eles tinham – casar, fazer um trabalho "guevarista" na Amazônia, dar aulas de inglês –, mas não foram adiante. As cartas que Glauco enviava à namorada chegavam tarjadas pela censura do Departamento de Estado americano, porque o pai dela era diplomata. Susan acabou permanecendo nos Estados Unidos. "Ficou no ar a ideia de que, um dia, ela viria para o Brasil", diz Glauco, que chegou também com uma decisão irreversível: escalada nunca mais!

A turma no Brasil não sabia dessa história, mas quando estava na América Glauco fez parte de um grupo de alpinistas, a convite do professor de Química – foi através dele que conhecera o amigo Ned e a namorada Susan. Só que os americanos usavam técnicas diferentes. Glauco tentou se adaptar, mas um dia... "Fizemos uma escalada difícil, uma puta fissura na pedra. E o guia era um coroa surdo. No meio do caminho, senti frouxa a tensão da corda. Ela tinha ficado presa numa pedra e, naturalmente, provocou o que chamamos de barriga. Gritei e o guia nada escutava... Se caísse ali, eu morreria e o guia também. Nunca mais escalei, nem em inglês, nem em português".

Glauco trouxe ainda na bagagem todo o conhecimento político que acumulou na vivência nos Estados Unidos e na leitura dos clássicos. Foi assim que se tornou um "cara de esquerda". Não vê antagonismo entre as opções que se apresentavam nessa fase da luta contra a ditadura: "A situação colocou as pessoas já engajadas em posições diferentes, mas ao mesmo tempo mantínhamos uma afinidade fortíssima, de quase irmãos".

Ele acabou optando por filiar-se ao PCdoB, mas com uma visão diferente do que poderia representar a luta revolucionária. "Meu engajamento era inteiramente diferente. Algumas questões centrais estavam na minha cabeça, como a da guerra popular de libertação, contraponto àquilo que a gente – com todo respeito, Iara – chamava de movimento foquista".

Iara entende o recado e contesta: "Devo isso a Marighella, meu comandante, que deve ter dado uma volta na sepultura. Nós não éramos foquistas. Nós tínhamos uma perspectiva de libertação nacional. Essa questão de guerrilha tem todo um contexto... Marighella era contra a visão e a estrutura foquista".

Foquismo é o nome da teoria revolucionária desenvolvida por Che Guevara e o sociólogo francês Régis Debray, para combater o imperialismo. Foi adotada, nos anos 1960, por grupos de esquerda e pregava a criação de focos de guerrilha nas zonas rurais dos países latino-americanos, de modo que, paulatinamente, eles pudessem ganhar a adesão das massas, subjugar as forças armadas e constituir um governo revolucionário socialista.

PASSARINHO, OS "COMUNISTAS" E PÉ NA ESTRADA

O problema dos vestibulandos continuava mobilizando os estudantes. E a turma da Vila protagonizou momentos importantes dessa luta, que não se resumia apenas à ampliação das vagas nas universidades, mas também à distribuição e matrícula dos excedentes. Participou das reuniões de articulação da campanha realizadas na igreja de São Francisco Xavier, na Tijuca; fez panfletagem do jornal O *Funil* nos cursinhos e na saída das provas no Maracanã, e promoveu manifestações. "Éramos exímios agitadores", diz Glauco.

Uma dessas manifestações aconteceu em frente à reitoria da Universidade Federal Fluminense, a UFF, em Niterói. Glauco discursava enquanto a multidão de candidatos esperava pela divulgação das notas da prova de física. E nada da listagem sair. De repente Aloisio deu um berro que desencadeou uma revolta. Arnaldo conta: "Foi um daqueles berros que ele costumava dar de repente, estouro de boiada". Em resposta, Aloisio ironiza: "Que isso... sou um pacato cidadão". As vidraças da portaria foram quebradas e o protesto só terminou com a chegada da polícia.

Tenso também foi o encontro com o então ministro da Educação, coronel Jarbas Passarinho. O militar acabara de assumir a pasta em substituição a Favorino Bastos Mércio. Os estudantes se concentraram em assembleia em frente ao prédio do MEC, na Rua Graça Aranha, Centro do Rio. Líderes estudantis se revezavam em discursos por mais vagas nas universidades federais e contra o acordo MEC-Usaid. A pressão deu resultado: Jarbas Passarinho concordou em receber uma comissão que representasse os estudantes. Glauco e Ceres participaram da comissão, integrada também por pais dos estudantes – os pais de Ceres, por sinal, estavam no grupo que foi ao gabinete do ministro.

Glauco conta que, depois de muita negociação, conversas com assessores e uma longa espera, Passarinho recebeu o grupo e iniciou a conversa demonstrando irritação – "nos chamou de comunistas" – e queixou-se de que tinha uma filha universitária que sofria "essa má influência dos comunistas". "Argumentamos que estávamos ali apenas como estudantes, lutando pela ampliação das vagas nas universidades e pela garantia de matrícula a todos os excedentes".

Passarinho ouviu as reivindicações em silêncio para logo depois, numa atitude protocolar, encerrar a breve e árida reunião. Autoritário, não prometeu nada; disse apenas que poderia estudar possibilidades de uma solução. A lei da reforma, criada um ano antes, já havia instituído o sistema classificatório para a partir daí, só a partir daí, resolver a questão dos excedentes.

Apesar de tudo a Vila mantinha seu clima festeiro, mas isso incomodava o PCdoB. De repente veio a orientação do partido para que todos os filiados evitassem frequentar as festinhas e os encontros naquele pedaço da Rua Ipiranga, "por excessivo liberalismo". Glauco diz que a determinação partiu da direção estadual e Carlinhos revela a resposta que deu: "Faço o quê se moro lá?".

Ninguém arredou pé. Exceto para subir uma montanha, participar de uma manifestação ou encarar um programa muito louco, como as duas viagens que Bira e Juca fizeram pelo Nordeste, de carona, nesse ano de 1969. "Ainda éramos secundaristas", recorda Bira. Na primeira viagem, de Pirapora, em Minas Gerais, a Juazeiro, na Bahia, passaram oito dias a bordo de uma "gaiola" no São Francisco. "Depois, o jeito foi pegar carona até o Recife", conta Bira. Eles atravessaram a região da Bahia que seria alagada, em 1974, para a construção da barragem da usina hidrelétrica de Sobradinho. Cidades como Remanso, Casa Nova, Sento Sé, Pilão Arcado e Sobradinho sumiriam do mapa, um drama que a população do sertão viveu e que uma música de Sá e Guarabira assim descreveu:

"O homem chega e já desfaz a natureza/ Tira gente, põe represa, diz que tudo vai mudar/ O São Francisco, lá pra cima da Bahia/ Diz que dia, menos dia, vai subir bem devagar/ E passo a passo vai cumprir a profecia/ Do beato que dizia que o sertão ia alagar/ O sertão vai virar mar, dá no coração/ O medo que algum dia o mar também vire sertão".

Não foi uma viagem sem sobressaltos. "Um dia entramos numa dessas cidades para descansar e dormir. O prefeito mandou avisar que o povo estava estranhando a presença de dois estrangeiros ali e que era para a gente seguir viagem. Fomos presos, ficamos em cana por 24 horas, suspeitos de subversão", lembra Juca.

Na segunda viagem, Bira e Juca cortaram o sertão de Pernambuco e, quando estavam próximos a Aracaju, o jipe da carona capotou. Foi um susto, mas ninguém se machucou. E a recepção não foi nada boa, segundo Juca: "Nessa, tomamos outra cana, mais perigosa ainda. Fomos parar no DOI-Codi (*Destacamento de Operações de Informações do Centro de Operações de Defesa Interna*). Revistaram a gente e a escolta ao lado já dando risada, com a certeza de que iria enfiar a porrada na gente. Dormimos no quartel, acabamos liberados e vazamos cedo rumo ao Rio de Janeiro. Era farra, passeio mesmo, mas depois desses dois episódios fomos proibidos de viajar".

As duas histórias vividas por Juca e Bira retratam bem como estava espalhado o aparato repressivo pelo país. "Muita gente dançou assim", lembra Glauco: "Tá fazendo um trabalho, viajando a passeio e, de repente, créu!!! Tá preso!". Em compensação, considera que foi uma experiência muito bonita e rica para Bira e Juca, dois jovens comunistas, descer o São Francisco e desbravar o interior desse país. "Você sente o que é o Brasil a que você pertence".

Nesse conturbado ano de 1969, Iara partiu para Cuba. Tinha apenas 17 anos. Do grupo que embarcou com ela, só conhecia Gastone, companheira de luta desde a ocupação da Faculdade de Medicina da UFRJ em 1966. "Ela tinha um casamento de fachada e o falso marido foi junto, para que os pais dela não ficassem preocupados. Depois eles se casaram mesmo". De lá acompanhavam, preocupadas, o que acontecia por aqui. "Duro mesmo foi encarar as perdas". As notícias que chegavam do Brasil não eram nada boas. Mortes, uma atrás da outra. "Achávamos que ninguém sobreviveria mais de seis meses no Brasil... Tínhamos fortes laços de amizade". Ela lembra, por exemplo, da notícia da morte do Aldine – Aldo Sá Brito, preso numa ação armada em Belo Horizonte, que não resistiu a um instrumento de tortura conhecido como coroa de cristo. "A gente ainda estava lá. Ficamos muito tristes, eu, Gastone e o falso marido. Não gosto nem de falar o nome dele porque depois, quando voltou ao Brasil, se entregou às forças da repressão", diz Iara.

Por sua vez, Carlos Eugênio já colocava em prática o que aprendera. Em abril de 1969 foi batizado com sua primeira ação armada na ALN.

Alvo: o caixa do Cine Ópera, um cinema na Praia de Botafogo. A estratégia do grupo para levantar dinheiro que financiasse a luta armada baseava-se nas chamadas operações de expropriação.

A operação não rendeu quase nada, mas Clemente foi aprovado nesse "vestibular" e passou a integrar, com outros secundaristas, um Grupo Tático Armado da ALN, desencadeando dezenas de ações no Rio de Janeiro. Logo virou alvo prioritário das forças de repressão que também perseguiam a irmã Valderez, outra militante da ALN.

Nem três meses tinham se passado da operação no Cine Ópera quando a família, assustada com a caçada a Carlos Eugênio e Valderez, decidiu deixar o apartamento em que morava, na Rua Senador Corrêa, bem perto da Ipiranga – apartamento que logo depois foi metralhado pela polícia e ficou lacrado por vários anos.

A mãe foi para Cuba e Belela não quis ir junto. Tinha 16 anos, estudava no Colégio Estadual Amaro Cavalcanti, no Largo do Machado, e rumou para São Paulo na esperança de viver com o pai. Acabou num pensionato em Higienópolis, destinado a senhoras idosas e estudantes do interior, sendo monitorada pela repressão que apertara o cerco contra a família, prendendo Valderez e intensificando a busca ao irmão Carlos Eugênio.

AÇÃO, REAÇÃO, A GUERRA

Em setembro, aconteceu o ato mais ousado daquele ano contra a ditadura: uma operação conjunta da ALN com o MR-8. Passava um pouco das duas da tarde do dia 4, uma quinta-feira da semana da pátria, quando dois Fuscas fecharam o Cadillac do embaixador norte-americano Charles Burke Elbrick numa ruela de Botafogo. O diplomata foi levado pelos militantes, que impuseram duas exigências: a troca do embaixador pela libertação de 15 presos políticos e a veiculação, nos jornais e nas emissoras de rádio e TV, de um manifesto-ultimato contra o regime. E com hora marcada: "A ditadura tem 48 horas para responder publicamente se aceita ou rejeita nossa proposta. Se a resposta for positiva, divulgaremos a lista dos 15 líderes revolucionários e esperaremos 24 horas por seu transporte para um país seguro. Se a resposta for negativa, ou se não houver resposta nesse prazo, o sr. Burke Elbrick será justiçado".

Os militares, que tinham os Estados Unidos como patrocinadores e cúmplices da ditadura, atenderam as exigências. Em 70 horas um Hércules C-56 da Força Aérea Brasileira decolou rumo ao México levando 15 presos, entre eles Vladimir Palmeira, José Dirceu, Luís Travassos e Gregório Bezerra. O embaixador foi deixado no Dia da Independência em frente ao Maracanã, no fim de um jogo do Flamengo.

Os órgãos de segurança promoveram uma caçada aos 12 militantes que participaram do sequestro. Muitas quedas aconteceram e Carlos Eugênio se mudou para São Paulo. Passou a atuar na capital paulista. Foi a partir daí também que a Junta Militar instituiu as penas de prisão perpétua, de morte e de banimento para crimes políticos. Como se a pena de morte ainda não estivesse vigorando para as ações do governo militar.

Em novembro, a repressão ostentou seu grande troféu: Carlos Marighella, líder da ALN, considerado o inimigo número 1 do regime militar, foi executado numa emboscada preparada pela Oban, a sinistra Operação Bandeirante comandada pelo delegado Sérgio Fleury, notório torturador e chefe do Esquadrão da Morte. A polícia armou uma operação cinematográfica. Cinco carros de passeio, mais de 40 policiais espalhados pela Alameda Casa Branca, região dos Jardins em São Paulo, à espera de Marighella, que naquela noite marcara um encontro com dois freis dominicanos que o aguardavam dentro de um Fusca azul.

O líder da ALN foi metralhado. A polícia argumentou que ele morrera num tiroteio. O governo de São Paulo chegou a promover 43 policiais por bravura. A mentira não resistiu muito tempo. Peritos desqualificaram a versão oficial e, anos depois, o Brasil reconheceu a morte de Marighella como um ato de execução por parte do Estado autoritário e lhe concedeu anistia póstuma após as apurações da Comissão Nacional da Verdade.

Tempos depois, os Racionais MC's compuseram a música tema do documentário *Marighella*, dirigido pela sobrinha dele, Isa Grinspum Ferraz. Mano Brown explicou assim o envolvimento com o projeto: "Uma vez falaram pra mim que eu parecia com o Marighella. (...) Aí esse nome ficou: Marighella. Eu sabia que era um cara dos nossos, mas ainda não tinha me aprofundado nas ideias dele". Um trecho do rap *Mil faces de um homem leal* descreve:

"Mártir, o mito ou maldito sonhador/ Bandido da minha cor/ Um novo Messias/ Se o povo domina ou não/ Se poucos sabiam ler/ E eu morrer em vão/ Leso e louco sem saber/ Coisas do Brasil, super-herói, mulato/ Defensor dos fracos, assaltante nato/ Ouçam, é foto e é fato a planos cruéis/ Tramam 30 fariseus contra Moisés, morô/ Reaja ao revés, seja alvo de inveja, irmão/ Esquinas revelam a sina de um rebelde, oh meu/ Que ousou lutar, honrou a raça/ Honrou a causa que adotou/ Aplauso é pra poucos/ Revolução no Brasil tem um nome/ Vejam o homem/ Sei que esse era um homem também/ A imagem e o gesto/ Lutar por amor/ Indigesto como o sequestro do embaixador".

A luta armada perdeu seu guerrilheiro maior, a ALN se enfraqueceu e a repressão dava um claro sinal de que não tinha limite. Tinha, sim, licença, ordem e liberdade para matar.

O balanço da repressão: o ano de 1970 registra 30 mortes reconhecidas e 1.206 relatos de tortura no país. Dom Helder Câmara denuncia, em Paris, tal prática no Brasil. O papa Paulo VI faz seu primeiro pronunciamento sobre a ditadura brasileira. Dom Aloisio, secretário-geral da Conferência Nacional dos Bispos do Brasil (CNBB), é preso no Rio. O governo militar institui a censura prévia a espetáculos e publicações – livros, periódicos, a imprensa em geral. As forças de segurança atacam a Juventude Operária Católica e o Instituto Brasileiro de Desenvolvimento, ligado à CNBB. O socialista Salvador Allende é eleito presidente do Chile e os Estados Unidos iniciam uma articulação para impedir o que chamam de comunização da América do Sul.

Em fevereiro de 1970, Carlos Eugênio passou a fazer parte da Coordenação Nacional da ALN, junto a Joaquim Câmara Ferreira, o Toledo, entre outros militantes. Clemente participou de inúmeras ações armadas na capital paulista, e o DOI-Codi de São Paulo estabeleceu um prêmio de um milhão de dólares a quem o entregasse. A foto dele aparecia estampada nos cartazes da repressão.

Oito meses depois, mais um golpe na liderança da ALN: Joaquim Câmara Ferreira, sucessor de Marighella, foi torturado até a morte no sítio clandestino do famigerado delegado Fleury. No início do ano, outro líder da resistência, o jornalista Mário Alves, secretário-geral do PCBR, tivera o mesmo destino: sequestrado, preso e torturado no DOI-Codi do Rio de Janeiro. Outros presos políticos testemunharam o martírio que o levou à morte.

VPR e ALN voltaram ao noticiário por repetir a fórmula usada no ano anterior: realizar novos sequestros de diplomatas, para conseguir libertar presos políticos que estavam sendo torturados nas masmorras da ditadura.

Em março, a VPR levou, em São Paulo, o cônsul do Japão, Nobuo Okuchi. O sequestro durou quatro dias. Cinco presos, entre eles uma freira, foram trocados pelo diplomata japonês e voaram para o México. Dos 15 militantes que participaram da operação, oito foram presos e cinco executados logo depois.

Era o ano do tri e, enquanto a bola rolava festiva pelos gramados do México, o embaixador alemão Ehrenfried von Holleben era sequestrado no bairro da Glória, no Rio de Janeiro, numa ação conjunta VPR-ALN. O sequestro durou cinco dias. Quarenta presos foram libertados em troca e seguiram para a Argélia. Entre eles estavam Apolônio de Carvalho, militante que fora combatente das Brigadas Internacionais na Guerra Civil Espanhola e herói da Resistência Francesa na Segunda Guerra Mundial, e o jornalista Fernando Gabeira, que participara do sequestro do embaixador americano no ano anterior e fora preso e torturado, com uma bala nas costas. Alfredo Sirkis, jornalista, escritor, político e, à época, um dos participantes da operação, comentou, ironicamente, ao pé do ouvido do embaixador alemão: "Você vale mais do dobro do que conseguimos pelo embaixador americano". O diplomata foi libertado levando no bolso uma carta endereçada à ONU, à Cruz Vermelha e ao governo alemão, que denunciava as atrocidades do regime militar.

O terceiro e último sequestro no ano do tricampeonato mundial no México foi o primeiro em que os militares decidiram dificultar a negociação. Consequentemente, o mais longo: durou 40 dias. A operação da VPR, comandada pelo capitão Carlos Lamarca, sequestrou no Rio de Janeiro, em dezembro de 1970, o embaixador suíço Giovanni Enrico Bucher – um dado curioso é que o sequestro aconteceu na Rua Conde de Baependi, que nasce na Rua Ipiranga. Em troca do embaixador, os militantes da VPR exigiam congelamento de preços por 90 dias, liberação das catracas dos trens da Central e soltura de 70 presos. Este último foi o único ponto que os militares admitiram negociar, ainda assim discutindo nome a nome e promovendo, pelo menos, uma represália: Eduardo Collen, o Bacuri, que chefiara o sequestro do embaixador alemão em junho e fora preso em agosto, morreu nas mãos da equipe do delegado Fleury no dia seguinte à operação comandada por Lamarca. O nome dele constava da lista dos 70 a serem trocados pelo embaixador suíço. Entre os presos políticos que embarcaram para o Chile em janeiro de 1971 estavam frei Tito de Alencar e o líder estudantil Jean Marc von der Weid.

Ao mesmo tempo, na Vila da Ipiranga crescia o número de filiados ao PCdoB. Arnaldo entrou para o partido e lembra das longas discussões que travavam sobre a violência da repressão, a guerra popular e o caminho da luta armada. Já Aloisio pediu um tempo. Decidiu que só iria se filiar quando ingressasse na faculdade – ainda estava concluindo o científico. Mesmo assim, participava das ações de contestação ao regime.

Duas dessas ações eram prioritárias, segundo o comitê de propaganda do partido: pichar locais públicos e panfletar para denunciar as barbaridades da repressão. Nem todas saíam como o planejado. Juca e Chiquinha tinham uma área de atuação determinada pela UJP: "De Guadalupe pra lá". Foram orientados a panfletar, no turno da noite, próximo à fábrica da Remington, marca de máquina de escrever que nem existe mais. Atuariam na esquina da entrada para a estrada do Caboatá, passagem dos operários da fábrica. No dia anterior, Juca se deslocou até lá para fazer o levantamento do local. Operação confirmada, a dupla partiu para panfletar. E panfletou, mas temerariamente teve de esperar amanhecer para ir embora, porque Juca se esquecera de que depois das 11 da noite os ônibus não circulavam mais.

Numa outra ocasião, a dupla foi convocada para uma pichação tarde da noite em Irajá. Além de Juca e Chiquinha, também participaram Bira, Carlinhos e Joel. Esperaram o movimento cair e, mal começaram a pichar, a guarda noturna apareceu. Foi um corre-corre. Ninguém foi preso, mas o serviço ficou inacabado.

Arnaldo recebeu outra missão: pichar o paredão do Morro do Pasmado, logo acima da entrada do túnel para Copacabana. Por que o Arnaldo? Simplesmente porque fora escoteiro e havia participado de algumas aventuras como alpinista. Objetivo: subir o morro pelo lado onde estava sendo construído o conjunto de prédios Morada do Sol e escrever, lá em cima, "Viva 35, PCdoB". A intenção era "recepcionar" o general Médici, a caminho do Rio para participar de uma cerimônia militar festiva pelo 35º aniversário da derrota do movimento comunista, que ficou conhecido como Intentona.

Intentona foi o termo pejorativo usado pelo governo Vargas – "intento insensato", "plano louco" – para definir o movimento articulado pela Aliança Nacional Libertadora, liderada por Luís Carlos Prestes, em 1935, quando levantes militares aconteceram em pelo menos três capitais: Natal, Recife e Rio de Janeiro. A revolta comunista acabou sufocada pela polícia de Vargas. Uma centena de revolucionários morreu em combate e centenas de militares e civis que apoiaram o movimento foram presos.

Para a pichação ao Pasmado, Arnaldo, Ceres e Lázaro arrumaram uma corda de sisal, pincel e uma lata de nitrato de prata, porque a inscrição deveria ficar bem nítida à luz do sol. Reluzente. "Eu só ouvia: 'Você não foi alpinista? Então, vamos lá, sobe'", lembra Arnaldo. Lázaro, um piauiense de um metro e meio de altura, "fraco como uma borboleta", era o responsável pela segurança da corda na qual Arnaldo fora preso para fazer a pichação. Mais abaixo, Ceres estava ao volante num carro de apoio. "Já era noite. Subi e lá de cima via os carros passando, pequenininhos. Suava frio. Quase me caguei todo de tanto medo, mas cumpri a missão. Desci de lá todo ralado". No dia seguinte, a frustração. Arnaldo passou pelo Pasmado para ver como ficara sua obra à luz do sol. "Quando olhei pro morro, mal dava pra ler: a inscrição tinha ficado pequena". Dias depois alguém, certamente mais experiente, refez o trabalho com letras garrafais e tinta normal.

Certa vez a UJP precisou imprimir uma quantidade razoável de panfletos num curto espaço de tempo. A turma da Ence deu um jeito. O diretório acadêmico tinha uma salinha com mimeógrafo, lembra Juca: "Nos trancamos na salinha e rodamos mais de mil panfletos. Batiam à porta insistentemente, alegávamos apenas que estávamos imprimindo, em caráter de urgência, apostilas do professor de física... Saímos de lá com duas bolsas de panfletos". Até que fizeram uma vaquinha no grêmio e compraram um mimeógrafo.

Na Ence o movimento era organizado. A escola funcionou só à noite até 1970, quando criou o turno da tarde. Por orientação do partido, Bira ficou à noite e Juca, à tarde. Paulo Baía chegou nessa época e foi para a turma da tarde. Juca lamenta: "Não consegui ganhar o Paulo pro partido, ele foi mais para o lado do Partidão, com o irmão César".

O velho Partidão tinha uma representação significativa na escola. "Pelo menos aprendi a jogar xadrez com eles", ironiza Chiquinha. Juca se revolta quando lembra que a primeira participação dele em uma manifestação foi numa mobilização organizada pelo pessoal do Partidão: "Não deu certo. Teve um *mise-en-scène* danado e, quando chegamos na Cinelândia, falaram que a ordem era desmobilizar. 'Desmobiliza, desmobiliza!'. Fomos embora. Soubemos depois que teve uma puta manifestação e o pau comeu".

O pau comeu também numa manifestação relâmpago que aconteceu no Centro, lembra Chiquinha, mais precisamente na esquina da Rua

Gonçalves Dias com a Ouvidor. "Queimamos uma bandeira americana, em sinal de protesto contra o acordo MEC-Usaid". Carlinhos diz que o motivo do protesto foi mais amplo: "Era contra a invasão do Camboja pelos Estados Unidos, contra a ditadura e pelo voto nulo" – as eleições daquele ano tinham sido autorizadas pela ditadura, mas apenas para o legislativo; 9,35% dos votos foram nulos e 20,91% em branco para o Congresso Nacional; 8,45% nulos e 18,45% em branco para as assembleias estaduais. No protesto, a polícia chegou com tudo, teve muita correria e Chiquinha, na fuga, se escondeu numa ótica. E ali ficou, experimentando óculos, até que as coisas se acalmassem.

Nasceu na Ence também, por iniciativa do Bola, o grupo Os Corujas, nome de batismo da turma de montanhistas incentivada pelo grêmio para aglutinar as pessoas, tal qual o G-112 da Ipiranga fazia, tendo Carlinhos como guia. Foi um sucesso. "Começamos a organizar excursões, trouxemos todo aquele pessoal. Uma vez, subimos a montanha com uns 30 caras que nunca tinham feito uma escalada", lembra Juca.

Ainda em 1970, Carlinhos entrou para a história da Jovem Guarda por conta do montanhismo. "José Carlos e Chico Schuster me ligaram para dizer que o Reginaldo e o Roberto Farias queriam fazer uma gravação para o filme *Roberto Carlos e o diamante cor de rosa* e precisavam de dublês para cenas de escalada". Pois bem, os três foram à produtora do filme e acertaram tudo. Marcaram dia e hora, encontraram a equipe de gravação e escalaram a Pedra da Gávea, "na Passagem dos Olhos, entrada do olho esquerdo". Precisaram repetir alguns takes, mas deu tudo certo. "Eu era o Roberto Carlos, o Dallas (*José Carlos*) o Erasmo e o Chico a Wanderléa".

A montanha guarda muitas histórias. Certa vez, Fernanda se arriscou a fazer a travessia do Açu – considerada a mais bonita do Brasil, que liga Petrópolis a Teresópolis, com 30 quilômetros de extensão. Estava de mocassim. Foi mesmo assim porque o Bira lhe dissera que o final era "logo ali". Não era. "Ralei meus pés", lembra ela. Em outra ocasião, Bira levou Nair Monteiro, uma amiga da Glaucia e do Paragua, para a travessia. Foi um parto, segundo ele. Nair estava acompanhada de uma amiga arquiteta que, desprevenida, usava uma sandália nordestina, de dedo. Machucou os pezinhos, mas completou a travessia. "Fiquei apaixonado por ela".

A turma gostava do Açu. Chegou a passar uma virada de ano na Pedra do Sino, ponto culminante da Serra dos Órgãos, com 2.275 metros. Chiquinha, Juca, Bira, Iracema, Celso, todos da Estatística. Eles ficaram cinco dias não só contemplando a natureza como trabalhando também. Decidiram consertar o abrigo que dom Pedro II construiu ali no século retrasado. Cortaram um dobrado. "Foi aí que Celso ganhou o apelido de Macunaíma", revela Chiquinha.

Descendo a montanha, a situação só se agravava. Chegamos a 1971, ano marcado por uma série de execuções.

A militante Heleny Guariba é presa com o dirigente da ALN Paulo de Tarso Celestino. Eles são levados para a "Casa da Morte" em Petrópolis, torturados e mortos – até hoje seus familiares não sabem o que os militares fizeram com os corpos. O capitão Carlos Lamarca e José Barreto, o Zequinha, militantes da VPR, são executados no sertão baiano. Stuart Angel, filho da estilista Zuzu Angel, morre sob tortura na Base Aérea do Galeão. Rubens Paiva, ex-deputado cassado do MDB, é sequestrado pela ditadura; dado por desaparecido, foi morto pelo regime. Uma missa na Catedral da Sé, em São Paulo, reza por Luiz Eduardo Merlino, assassinado nos porões da repressão. O Tribunal Militar da Bahia condena à morte Theodomiro dos Santos, pena depois convertida em prisão perpétua. O cardeal dom Paulo Evaristo Arns procura Médici para relatar as preocupações do papa Paulo VI quanto às mortes e torturas no Brasil e quase é expulso da sala. Um longo dossiê sobre as arbitrariedades dos militares é apresentado na assembleia geral da CNBB.

Entre uma ação e outra, nossos bravos combatentes se preparavam para o vestibular, que não era unificado à época. Boa parte frequentava o cursinho Miguel Couto, dedicado à área médica. Arnaldo tentou uma vaga na medicina, que era o sonho da família, e não passou. Depois, já no unificado, entrou para enfermagem. A tia Leila, irmã da mãe dele, também fez cursinho. Foi no ponto de ônibus, à saída da aula, que conheceu Serafim. Mal sabia ela que esse encontro resultaria em casamento e que os dois seriam colegas na Faculdade de Medicina da UFRJ.

A ORGANIZAÇÃO, OS JUSTIÇAMENTOS, A INSPIRAÇÃO

João Quental acabara de ingressar no PCdoB, após participar de um grupo de estudo sobre marxismo. Estava com 20 anos e terminava o segundo grau do Colégio Santo Inácio. O primeiro contato dele no partido foi o Glauco, que ao conhecer o novo "discípulo" manifestou uma certa preocupação. Anteviu problemas por conta da aparência e das roupas do rapaz, que fazia música e teatro estudantil. Qual não foi a surpresa de Glauco ao encontrar, no ponto seguinte, um João de cabelo cortadinho, barba feita, roupas discretas, "por que não dizer careta, como queria a cultura partidária. Que alívio!". João passou a integrar o movimento dos excedentes e, seguindo a orientação do partido, prestou vestibular para o curso de farmácia. Foi aprovado e, na faculdade, conheceu também Miriam e outro militante do PCdoB, Antônio Teodoro, o Ceará, que acabaria morto na Guerrilha do Araguaia.

Míriam lembra bem desse período. Gostava da agitação. Estudava no Instituto de Educação e pulava o muro para ir às passeatas, aos confrontos. Tinha uma bandeira vermelha, que acabou virando um vestido. As irmãs entraram para a Universidade do Estado da Guanabara, hoje Universidade do Estado do Rio de Janeiro (Uerj), e ela frequentava esse ambiente. Quando chegou a sua vez, ficou como excedente no vestibular de medicina e resolveu fazer farmácia. Aí encontrou e começou a militar com Glauco e João, mas sua participação era pequena: fazia panfletagem e rodava jornais.

Maria Alice Ramos diz que quando foi fazer vestibular queria a área de humanas, mas por orientação do partido prestou para enfermagem. Passou, mas o destino interferiu em sua história. “Minha mãe escondeu meus documentos na hora da matrícula: Foi uma briga enorme e eu não consegui fazer a matrícula. Hoje dou graças a Deus”. Acabou entrando no curso de letras.

Maria Alice participava do movimento estudantil, chegou a ser presa e vivia uma situação difícil em casa. “Aos 20 anos, briguei com meu pai seriamente e ele me botou para fora de casa”. Sem apoio algum, começou a questionar se poderia estar no partido, “já que não tinha condições de cuidar de mim mesma”.

O destino também mudou a vida de Neném. Nesse ano de 1971, ela teve que se afastar da turma da Vila porque a família mudou do Flamengo para a Tijuca, numa fase de grandes dificuldades financeiras. Começou então a trabalhar, aos 16 anos, dando aulas particulares. Fazia a escola normal, pela manhã, quando o namorado da irmã a chamou para participar de um curso de alfabetização para adultos que usava o método do Paulo Freire e era ministrado no Colégio São Vicente de Paulo, no Cosme Velho, por iniciativa do grêmio da escola. “Foi um privilégio, mas me tomava as noites”. Para completar, começou a namorar: “Uma paixão arrebatadora, que durou cinco anos”.

Aloisio cumpriu a promessa. Passou no vestibular para medicina, filiou-se ao PCdoB e começou a articular, no meio universitário, as comemorações que aconteceriam no ano seguinte pelos 50 anos da Semana de Arte Moderna e também do partido. Houve uma reunião na PUC (Pontifícia Universidade Católica) do Rio, com representantes de várias tendências, entre eles Jaques Wagner, que mais tarde se tornaria deputado federal, governador da Bahia e senador. Aloisio diz que o Partidão puxou para si a organização dos festejos pelo aniversário da “semana”, mas recuou logo depois que “os trotskistas foram presos. A direção do DCE da PUC era nossa e assumiu o desafio”.

Carlinhos acrescenta: “A UNE era representada pelo Umberto Câmara Neto, da AP (*Ação Popular Marxista Leninista*), que desapareceu misteriosamente no Rio de Janeiro dois anos depois. No mesmo mês (*outubro de 1973*), Gildo Lacerda e José Carlos Mata Machado, também da AP, seriam executados no Recife".

Ainda em 1971 houve duas reuniões de estudantes na casa-sítio das Pimenteiras, em Teresópolis. Segundo Carlinhos, "uma para a formação da direção secundarista da UJP Rio de Janeiro e a outra, nacional, para a direção da Ubes, com a participação de representantes do PCdoB da Bahia, do Rio e do Ceará". Chiquinha estava com Joel na reunião e foi eleita para a direção secundarista da UJP.

Outro refúgio na serra era o sítio de Valério, também em Teresópolis. "Um cara que sempre esteve junto; quieto, do jeito dele, mas firme como uma rocha", diz Glauco. Arnaldo lembra que ele e Valério compraram uma pistola 7.65 e transformaram o muro de uma casa abandonada na vizinhança do sítio em estande de tiro. Passavam dias atirando na figura de um policial que desenharam no muro. Vinham correndo e disparavam em movimento, assim era o treinamento. Glauco conta que o pai de Valério era um dentista comunista que tinha uma teoria engraçada: "Para deixar o cabelo crescer, você tem que deixar o cabelo crescer". Valério casou-se com Ivone, tia de Arnaldo. E toda a turma da Vila foi ao casório.

Nesse mesmo ano, Joel foi mais uma vítima da ditadura. Chiquinha tinha um ponto marcado com o companheiro da UJP, próximo ao morro do Borel. Os dois faziam um trabalho na comunidade. Quando ela chegou, sentiu que alguma coisa estava errada. "Ele não olhou pra mim, aí eu entendi tudo. Entendi que começava uma fase difícil para nós, do movimento. Presenciei a prisão dele, na minha frente". Chiquinha ficou tão desnorteada que foi a pé de lá, na Usina, até a Praça da Bandeira. Estava em choque.

A dupla fazia trabalho comunitário no Salgueiro e no Borel, "um trabalho que me fez ser muito mais humana". No Salgueiro, reunia as pessoas e tentava alfabetizar os adultos. No Borel, o objetivo era outro: "Abrir os olhos de todo mundo". Com o apoio da associação dos moradores, Chiquinha e Joel davam assessoria política aos moradores. "Precisávamos que eles acreditassem na gente". Eles acreditaram, mas também pagaram um preço. Levado para o quartel da Polícia do Exército (PE), Joel nunca mais foi visto. Dona Joana, mãe dele, ficou completamente atordoada à procura do filho. Chiquinha conviveu muito tempo com ela, tentando amenizar seu sofrimento. Os agentes da repressão subiram o morro e prenderam também pessoas da comunidade que faziam o trabalho com a dupla da UJP.

Era uma guerra declarada, e o braço armado da resistência reagiu segundo o mandamento "olho por olho, dente por dente". Em abril desse ano de 1971, um dinamarquês radicado no Brasil, que tinha prazer em financiar e testemunhar as torturas nos porões da ditadura, caiu nas mãos de um comando da ALN. O nome dele: Henning Albert Boilesen, presidente do grupo Ultragaz. Surpreendido numa rua de São Paulo, foi metralhado.

Um mês antes, houve outro justiçamento também em São Paulo. Márcio Leite de Toledo, membro da Coordenação Nacional, desaparecera 40 dias após a morte de Joaquim Câmara Ferreira, que por coincidência usava o codinome Toledo. Esse sumiço teria levantado suspeitas na organização. Após reaparecer, durante uma ação militar e mesmo armado com metralhadora, Márcio teria abandonado a área de cobertura dos militantes. O comando da ALN decidiu pela pena capital. Márcio foi metralhado. Carlos Eugênio, o Clemente, assumiu as duas execuções, em entrevista concedida em 2012 ao repórter Geneton Moraes Neto.

O homem-forte da ALN continuava em ação mesmo na clandestinidade, mas com segurança redobrada. Numa dessas operações, Carlos Eugênio decidiu seguir o cabo José Anselmo dos Santos, logo depois de um ponto. Havia a suspeita de que José Anselmo era um "cachorro", ou seja, passara a colaborar com a repressão. Não deu outra: ele foi se encontrar com o delegado Sérgio Fleury. Houve troca de tiros. Carlos Eugênio acertou de raspão o nariz do torturador do Dops. E escapou.

A essa altura, a irmã Belela estava morando na Ilha de Itaparica, Bahia: "Casei muito nova, era meio riponga, e me mudei pra lá". Não tinha notícias de Carlos Eugênio e pouco falava com a família. "Eu morava na Bahia, meu pai em São Paulo, minha mãe em Cuba, minha irmã Valquíria no Rio, minha irmã Valderez na França e meu irmão Carlos Eugênio estava na clandestinidade".

Na Ence começava uma onda de perseguições. Passaram a dar notas baixas aos indesejáveis. "Sabíamos que não merecíamos aquelas notas", diz Juca, ao recordar que um grupo chegou a invadir a diretoria para exigir explicações. Ele mesmo cobrou do professor de matemática, que o reprovou quando já estava repetindo a matéria. "Cerquei o professor na escada e ele me confessou: 'Lamento, mas tive que fazer isso'". O grupo recebeu o apoio da turma do Partidão, muito influente no IBGE, instituto ao qual a escola estava veiculada. "Mesmo assim, fui jubilado".

Outro exemplo da perseguição ao grupo: certa vez o grêmio tentou encenar uma peça de teatro na escola e foi proibido. Chiquinha, presidente do grêmio, se dirigiu à direção e tentou argumentar, brigando contra a censura. A direção ameaçou fechar o grêmio, mas não conseguiu. "A escola tinha um monte de reacionários, mas alguns poucos progressistas ajudavam a gente, como o professor de química, que vivia nos alertando sobre problemas que a direção queria criar", revela Chiquinha.

O grupo foi condenado mesmo, confessa Juca, quando Bira fez uma pichação da UJP no banheiro da escola: "Deu a maior merda". Chiquinha chegou a ser interrogada pela direção. Respondeu com ironia. "Por que estou sendo perguntada sobre isso? Aconteceu no banheiro masculino e, lamento informar senhores, nunca entrei num banheiro masculino".

Foi também em 1971 que os meninos da Vila assistiram a um filme que só no ano seguinte se revelaria inspirador para eles. Estavam no Cine Joia, numa galeria em Copacabana. Em cartaz, *O incrível exército de Brancaleone*, uma comédia clássica do cinema italiano, de 1966, dirigida por Mario Monicelli e inspirada na história de Dom Quixote, de Miguel de Cervantes. Vittorio Gassman vive o papel principal. Ele é Brancaleone da Nórcia, um cavaleiro medieval decadente que comanda um exército de quatro maltrapilhos em busca da terra prometida, um feudo supostamente rico no sul da Itália, a terra de Aurocastro. No caminho, o exército miserável se mete em várias trapalhadas. Enfrenta a peste, os sarracenos, os bárbaros e não chega a lugar algum.

A projeção corria tranquilamente, atraindo a atenção da plateia, mas lá pelas tantas um problema técnico gerou uma grande confusão. Metade da tela escureceu. O público protestou e o projecionista prometeu consertar. O tempo passou e ele não conseguiu. A plateia, irada, começou a quebrar todo o cinema. De repente, ouviu-se um tiro. A turma da Vila, acostumada a encarar a polícia nas manifestações, saiu em disparada pela galeria.

Na vida real o enredo era de filme de terror.

A Anistia Internacional divulga uma lista com os nomes de 472 torturadores e 1.081 pessoas torturadas no Brasil. A imprensa é proibida de publicar notícias sobre a Anistia Internacional. Médici altera o Código de Processo Penal para evitar que o delegado Sérgio Fleury vá para a cadeia. Aurora Furtado, militante e ex-aluna da USP, morre no DOI-Codi do Rio após sofrer todo tipo de tortura, inclusive aquela que os algozes chamavam de coroa de cristo. O bispo dom Pedro Casaldáliga, reconhecido internacionalmente por defender os pobres, os marginalizados e os povos indígenas, é preso em São Félix do Araguaia, Mato Grosso. Tropas do Exército chegam à região do Araguaia, divisa do Pará com Maranhão e Tocantins, para começar a combater a guerrilha formada por militantes do PCdoB.

A luta era cada vez mais sofrida. E inglória.

DOR, HORROR E PERSEGUIÇÕES

A Guerrilha do Araguaia começou a ser planejada anos antes. Em 1966 o PCdoB passou a enviar militantes para a região. Eles chegavam como qualquer forasteiro, em busca de terra, uma roça, uma birosca, uma chance no garimpo, qualquer tipo de trabalho. E assim se integravam às comunidades ribeirinhas, trocavam favores, ganhavam a confiança dos moradores e partiam para um trabalho de doutrinação política, visando organizar uma guerra popular de libertação, inspirada nas estratégias chinesas de estabelecimento de "áreas libertadas".

Houve muita discussão entre os militantes do partido, sobre ir ou não ir para Araguaia. Angela conta que "nesse processo de vai-não-vai, não quis ir, por achar que era coisa meio complicada pessoas da cidade irem parar na selva". Glauco se dispôs a ir, até porque "havia uma crença imbecil de que as quedas não iriam acontecer com a gente. Mas não tínhamos voz, era o tal centralismo democrático da época". Miriam, a namorada, assustou-se com a possibilidade: "Quando veio a proposta do Glauco ir para o Araguaia, ele conversou comigo. Eu disse que não teria coragem de ir". Glauco acabou não indo, porque a pessoa que o tinha levado para o partido decidiu, com firmeza: "Você não vai!". "Não fui e estou vivo", diz hoje.

Até então, tudo caminhava como planejado. Na última noite de 1971, os 73 militantes do PCdoB (59 homens e 14 mulheres) fizeram festa para receber o ano novo. Cantaram *Apesar de você*, de Chico Buarque, e numa deferência a João Amazonas, a *Internacional Socialista*. Não atentaram que as Forças Armadas já tinham desbaratado pequenas estruturas da ALN e da VAR-Palmares na região, nem que talvez estivessem despreparados para o combate. Faltavam pelos menos 13 quadros para a formação ideal, os depósitos de mantimentos e medicamentos ainda careciam de organização e abastecimento, e o armamento era escasso e velho. O comando da guerrilha previa que o movimento só iria eclodir no fim do ano. Eclodiu antes da hora.

E começa a ofensiva da repressão. Carlinhos lembra que o partido chegou a ser alertado. Recebeu a informação de que haveria um ataque a um dos destacamentos da guerrilha no dia 12 de abril de 1972. José Genoíno, que viria a ser deputado federal por sete legislaturas, de 1983 a 2015, foi enviado como mensageiro para alertar os grupamentos – eram três – que o cerco estava se fechando, mas acabou preso na estrada.

A mobilização militar, que duraria dois anos, foi a maior já montada desde a Segunda Grande Guerra. Feita em três etapas, as operações Papagaio, Sucuri e Marajoara iniciaram justamente no dia 12 de abril, com a chegada de 400 homens a Marabá e mais 400 a Xambioá. Foi anunciada oficialmente apenas como um exercício militar de rotina das tropas do IV Exército. Os militares montaram postos de controle, uma base aérea e um comando de operações. Mas fracassaram, sobretudo porque os soldados não passavam de recrutas mal treinados em combates na selva. Atacaram dois supostos destacamentos e não encontraram ninguém. Sofreram uma emboscada; um cabo morreu e dois oficiais foram feridos. A repressão mudou de estratégia.

A Operação Papagaio passou a intimidar os moradores da região, ao mesmo tempo que oferecia dinheiro por qualquer informação sobre os "paulistas" – assim os militantes eram chamados pelos locais. Os suspeitos de ajudar os guerrilheiros foram presos e jogados num buraco de três metros de profundidade, fechado por grades de ferro. Em setembro os militares desencadearam nova ofensiva, agora com três mil homens. E tentaram melhorar a imagem com a população local: levaram médicos e dentistas, distribuíram remédios e panfletos condenando a guerrilha e obrigaram os fazendeiros a reconhecerem os direitos dos trabalhadores do campo. Nessa primeira fase, de abril a outubro de 1972, a guerrilha perdeu 19 combatentes: oito mortos em combate, quatro assassinados depois da captura e sete presos transferidos para Brasília. O Exército não revelou quantas baixas teve.

De outubro de 1972 a setembro de 1973, a guerrilha respondeu. Promoveu as chamadas expedições punitivas. Executou três colaboradores do Exército, ocupou uma fazenda, atacou um posto da PM na Transamazônica. Mas se ressentiu da falta de apoio da direção partidária, por conta da repressão que se intensificava no Rio e em São Paulo, principalmente. Começou a faltar comida, medicamentos, roupas e munições. Maurício Grabois, líder da guerrilha, pediu ajuda e reforço de pessoal, sem sucesso.

Nesse período já estava em curso a Operação Sucuri, iniciada em abril de 1973 sob a coordenação do Centro de Inteligência do Exército, o CIE. A técnica agora era combater a guerrilha com guerrilha. Oficiais chegaram a Araguaia com documentos falsos, disfarçados de empresários, comerciantes, lavradores e biscateiros. Entre eles estava Sebastião Rodrigues de Moura, o execrável major Curió, que se infiltrou nas comunidades como agrônomo do Incra com o nome de Marco Antônio Luchini. Missão: mapear os moradores que tinham alguma relação com os "paulistas". Em pouco tempo, os militares conseguiram fazer um fichário com 400 nomes.

Foi o ponto de partida para a Operação Marajoara, a mais cruel, hedionda, abominável e bárbara de todas elas. O ataque foi desfechado em 7 de outubro de 1973 com um efetivo menor, de 250 homens. Uma tropa sem farda e comandada por oficiais não identificáveis, com o apoio de helicópteros e aviões descaracterizados. Barbudos, cabeludos, vestidos como o povo da região, foram distribuídos em patrulhas que prenderam 300 dos 400 "fichados". Jogados numa vala comum, aquela coberta por uma grade, só saíam de lá se dessem o paradeiro dos combatentes. Deram.

Começou o massacre. Quatro guerrilheiros foram cercados, dois morreram. Um deles era José Carlos, filho de Maurício Grabois. Uma guerrilheira foi executada com 40 perfurações de balas no corpo, dois foram degolados e cadáveres ficaram insepultos na floresta. A turma da Vila perdeu muitos amigos, como os irmãos Elmo, da Faculdade de Medicina, e Célia, do Instituto de Filosofia e Ciências Sociais, filhos de seu Edgard, um brizolista ferrenho que era presidente do Marã Tênis Clube, de Marechal Hermes, cuja maior conquista foi ter eleito a Miss Brasil de 1966, Ana Cristina Ridzi.

Um oficial combatente do Araguaia declarou, em depoimento dado em 2002, que aviões tripulados por equipes do Centro de Informações da Aeronáutica jogavam corpos no oceano. Os sobreviventes vagavam pela floresta. Em fevereiro de 1974, o Exército estimava que eram cerca de 20 os fugitivos. Retirou as tropas da região, mas manteve a caçada, oferecendo recompensa em dinheiro. Os valores variavam – o mais baixo, por uma simples informação sobre o paradeiro de um "paulista"; o mais alto, por guerrilheiro morto. No fim, 59 quadros do PCdoB que se encontravam no

Araguaia foram assassinados. Entre os mortos, uma liderança do partido, Maurício Grabois, executado no dia de Natal de 1973, numa emboscada preparada por Curió. Entre os sobreviventes, Ângelo Arroyo, que depois seria morto na Chacina da Lapa, em São Paulo.

Um cenário de horror que a repressão tentou apagar criando uma quarta operação, com a missão única de não deixar qualquer vestígio sobre as atrocidades cometidas. Numa conversa com o tenente-coronel Arnoldi Pedrozo, em janeiro de 1974, o general Geisel confessou essa preocupação: "Tem que nessa hora agir com muita inteligência, para não ficar vestígio nessa coisa". Em outubro de 1993, a revista *Veja* publicava um registro dessa "Operação Limpeza": helicópteros militares recolheram os corpos espalhados pela região e os transportaram para a Serra da Andorinha, "onde foram queimados em fogueiras de pneus carecas", de acordo com informações do livro *A ditadura escancarada – As ilusões armadas*, de Elio Gaspari (Editora Intrínseca, 2014), contidas nesse e nos seis parágrafos anteriores.

A Guerrilha do Araguaia provocou cisões no partido e na turma da Vila. Paragua, por exemplo, questionou a decisão numa gravação que fez em 2013: "Estava ressurgindo o movimento operário no ABC paulista, toda a revolta começava a se desenhar nas cidades e o PCdoB decide fazer a guerrilha no Araguaia! Eu achava que o partido não tinha de copiar a China e muito menos a Albânia. Foi uma medida equivocada mandar os estudantes para lá. Perdi pelo menos cinco grandes amigos, o Ciro, o Demerval, a Eneida, o Antônio Carlos Monteiro e o Rosalino Cruz. Todos mortos por uma estupidez. Agora, respeito, considero que todos esses amigos foram heróis, heróis da resistência. Por isso não condeno totalmente, mas fico triste porque foi uma posição política equivocada. Expressei isso em carta dizendo que, dali por diante, eu me afastava. A partir dali, não quis mais participar de movimento algum".

Para Carlinhos, o partido não abandonou as cidades, pois manteve articulações através de entidades como a UNE, a Ubes e organizações como a UJP. Ele afirma ainda que o partido não era apenas de estudantes e que esteve estruturado também no movimento operário do ABC paulista. Sobre o Araguaia, diz que os quadros que participaram da guerrilha eram preparados e cientes do que fariam lá, integrando-se à população local, e ressalta que após 1975 o partido se empenhou em tirar lições da Guerrilha do Araguaia.

Começava o desdobramento inevitável de tudo o que acontecia no Araguaia. Ainda em 1972 a repressão iniciou o cerco sobre o PCdoB, principalmente no Rio de Janeiro e em São Paulo, estados que mais enviaram militantes para a guerrilha. Foram feitas prisões, uma atrás da outra.

Numa manhã de segunda-feira, Juca e Chiquinha viveram uma saga para escapar da repressão.

> **Juca** – *"Eu era secretário secundarista de agitação e propaganda da UJP. Coordenava cinco escolas e tinha um ponto no Largo do Machado. Estava com duas bolsas das Casas da Banha, com panfletos para distribuir pelas escolas. O cara furou o ponto. Tinha repetição com ele e, meia hora depois, com o Carlinhos. Foi aí que o Carlinhos me falou, puto da vida: 'Vá pra casa, limpa o aparelho e vaza'. Liguei para Chiquinha e marcamos um encontro na Mesbla do Passeio".*
>
> **Chiquinha** – *"Eu trabalhava num atelier de pintura, em Copacabana, quando recebi o telefonema do Juca dizendo que a casa tinha caído. Marcamos um encontro na Cinelândia".*
>
> **Juca** – *"Fui para casa, limpei, tirei tudo. Mas aí pensei: não se joga material fora. Vou deixar os panfletos em lugares onde as pessoas possam achar. Fiz três viagens para espalhar o material por toda a Zona Sul, que nem maluco, largando tudo nos canteiros. Saí de casa naquele 6 de julho de 1972 exatamente às 14h30 e fui me encontrar com a Chica".*
>
> **Chiquinha** – *"Eu nem voltei pra casa. Sabia que seria presa. Encontrei o Juca na Mesbla, comprei uma calcinha e dali a gente vazou".*
>
> **Juca** – *"Nesse mesmo dia, à tarde, cercaram a casa de minha família. Entraram e se assustaram: minha mãe estava na cozinha fazendo*

comida para o meu irmão, que tinha 11 anos de idade. Entraram com metranca *na mão. Esperavam um aparelho, encontraram uma casa de família normal. Para o Dops, veja só, eu era um capoeirista comunista e perigoso".*

Chiquinha – *"A gente não tinha para onde ir. Fomos parar em Guaratiba. Dormimos num motel. Ficamos cabreiros, tinha aquele negócio de preencher ficha.*

Juca – *"E tinha, também, a história de que camburões passavam à noite para ver quem estava hospedado nos hotéis. Realmente um camburão passou, mas não desconfiou de nada".*

Chiquinha – *"No dia seguinte, ligamos para a Norma, uma conhecida nossa da turma da estatística. A família dela morava num conjunto habitacional em Padre Miguel. Passamos a noite lá e no dia seguinte fomos para a casa da mãe do Bola, no Flamengo. Ficamos uma semana lá. O pai do Bola era mais doido que a gente. Falou: 'Aqui na minha casa, para entrarem, vão ter que me matar primeiro'. Bola, ressabiado, comentou: 'Olha, vão matar mesmo'".*

Juca – *"Passamos a semana tentando contato com alguém do partido. Nada. Não conseguimos nada".*

Chiquinha – *"Aí fomos para a casa de minha prima, que morava no Bairro de Fátima. Uma quitinete. Bati na porta dela, pedi guarida. Ela era secretária e namorava um cara da Marinha, que tentou entregar a gente. Ele chegou a nos trancar no apartamento. Pensou que éramos otários. Vazamos. Liguei então para a tia Irene, a única pessoa da família com quem eu conversava sobre política e que me dava notícias sobre a repressão".*

Juca – *"Eu ligava pra casa pelo orelhão. Numa dessas ligações, minha mãe deu a ideia de que deveríamos procurar, com discrição, uma amiga da família que era prima da minha avó e morava em Olaria. Chegamos lá com o 'caô' de que estávamos fugindo para nos casar, 'o irmão de minha namorada aqui não admite nosso casamento e quer me pegar. Por isso estamos fugindo'. Ela não acreditou e ligou para a minha casa: 'Que história é essa?'. Passou meia hora, chegou meu* *velho. E logo depois que a gente vazou chegaram dois camburões, veja só. Dali, então, fomos para Copacabana, casa dos pais de um amigo meu de infância. E depois para Nova Iguaçu, na Baixada Fluminense, um lugar bem estranho. Foi barra: era um barraco".*

Chiquinha – *"Cheio de carrapato, rato, não tinha água... Aí você pegou hepatite, que foi eclodir em São Lourenço".*

Juca – *"Ficamos um mês nesse barraco. Chica, você lembra que fomos a um forró e descobrimos depois que era promovido pelo pessoal do Esquadrão da Morte? Saímos batidos. Dali fomos para São Lourenço e aconteceu o seguinte: teu irmão era do Cenimar".*

Chiquinha – *"Era".*

Juca – *"E tinha o amigo de meu pai, que eu não conhecia. Ele também trabalhava para o Cenimar. Chefiava seu irmão e era amigo de infância de meu pai, lá em Santa Catarina. Eles vieram com uma proposta...*

Chiquinha – *"Lembra qual era a proposta deles?".*

Juca – *"Separar a gente".*

Chiquinha – *"Botar a gente num navio".*

Juca – *"É, exatamente".*

Chiquinha – *"Pensei: aí, no meio do mar, jogam a gente pro tubarão... Tudo feito... Já era".*

Negocia daqui, negocia dali o passeio em alto-mar foi trocado por uma vigilância ostensiva.

Juca – *"Ficamos três meses em São Lourenço, mais dois em Caxambu. Vigiados 24 horas por dia. Sempre víamos os carinhas na campana".*

Chiquinha – *"Aí fomos para Friburgo. Ficamos dois anos em Friburgo".*

Juca – *"Nessa ocasião, Iracema, Macu e Bira nos localizaram. Apareceram à noitinha. Abri a porta. Não tínhamos notícias de nada, não sabíamos se estávamos sendo vigiados ainda... Botei os três pra correr. 'Vaza!'. Eles ainda tentaram argumentar: 'Fizemos a maior* *viagem para saber como vocês estão'. 'Pois bem, voltem'. E não deixei que entrassem".*

Depois de dois anos em Friburgo, a saga de Juca e Chiquinha chegou ao fim. Rumaram para o Rio de Janeiro, depois São Paulo. Ficaram na casa do Milton Shirata durante um ano, já não estavam mais escondidos. Shirata e Juca haviam se conhecido numa travessia do Açu e ficaram muito amigos. Bira também fez essa travessia com Shirata várias vezes e conta que a casa dele era uma espécie de hotel para os amigos: "Quando viajava, deixava a chave num jarro de plantas".

Juca e Chiquinha deixaram a casa do Shirata para morar num apartamento do bairro da Aclimação. Chiquinha arrumou emprego no Banco Nacional. Juca penou para conseguir trabalho. Tentou o setor de enciclopédias da Editora Abril, mas não passou no exame médico; estava com tuberculose. Ficou três meses internado no conjunto hospitalar de Mandaqui, Zona Norte de São Paulo. Recuperado, foi enfim contratado como assistente de fotografia no Instituto Abril. Era lá, na Abril, que o amigo Shirata trabalhava como fotógrafo da revista *Quatro Rodas*.

Neném pergunta: "Como vocês viviam durante a fuga?". Chiquinha responde: "Com os recursos das famílias, mesmo com todas as dificuldades de contato, e na maior simplicidade possível. Hoje dá para comer maçã? Que bom! E ainda teve a doença do Juca". Ela reconhece que, basicamente, foi a família do Juca que sustentou a dupla. Cita, como exemplo, a casa em São Lourenço alugada por dona Áurea, mãe do Juca.

E como explicar por que os militares deixaram de vigiar o casal, a partir da estada em Friburgo? Chiquinha: "Porque o que eles queriam já tinham conseguido, que era desmantelar a Guerrilha do Araguaia à custa de muitas mortes e muito sofrimento lá e por todo o país". Juca e Chiquinha lembram, por exemplo, do martírio do Bira, preso com a irmã Iracema. Os dois foram muito torturados. O sadismo era tamanho que torturaram Iracema na frente do irmão.

Bira desabafa: "Minha irmã era do André Maurois, uma escola pública com metodologia avançada, dirigida por Henriette Amado". Sob o lema "Liberdade com responsabilidade", Henriette implantara na escola um projeto político-pedagógico em plena ditadura, o que não agradava os militares. "Iracema também militava no PCdoB. Sofremos muito. Torturas, sevícias, o pau de arara, sob o comando do Capitão Guimarães, aquele bicheiro, no DOI-Codi da Barão de Mesquita", acrescenta Bira.

No período que sucedeu ao primeiro ataque militar à Guerrilha do Araguaia, a Vila ficou vazia. Não houve mais festa nem escalada. Leila carrega uma frustração. "Quando me casei com o Serafim, foi justamente na época em que todo mundo estava sumido, preso ou escondido. Ninguém compareceu ao nosso casamento. Logo depois que deixamos a Vila, boa parte do pessoal continuava sumido. Ficamos um bom tempo sem nos comunicar".

MORTES, MENTIRAS E A BENÇÃO DA IGREJA

Guardemos bem as datas. Quatro dias depois daquela segunda-feira, 6 de julho de 1972, quando Carlinhos deu o grito de alerta e Juca e Chiquinha partiram para a fuga espetacular descrita acima, o próprio Carlinhos foi preso. Um Fusca o surpreendeu na rua. Três agentes saíram do carro. Carlinhos foi encapuzado, jogado no chão do banco traseiro e levado para o DOI-Codi, no quartel da PE. Mandaram que tirasse a roupa e o espancaram, queriam informações sobre quem era quem no movimento, os codinomes: "Me interrogaram... 'Você conhece o Iuri? Você é amigo dele? Ele vivia em sua casa? Ele e o Alex?'. Fiquei atordoado. O Alex tinha sido morto em janeiro, o Aldo um ano antes, o Girafa em 1970... Uma série de quedas. Não esqueço porque eram pessoas muito queridas".

Alex Xavier Pereira morreu no dia 20 de janeiro de 1972, segundo a versão oficial numa troca de tiros com um cabo da PM. Alex teria recebido ordem de parar o Fusca em que estava também o militante da ALN

Gelson Reicher, num cruzamento da Avenida República do Líbano, em São Paulo. Saíram do carro, trocaram tiros, os três morreram. Ainda segundo a versão oficial, foi meramente casual (!) a presença, no local, de agentes que teriam reconhecido os "terroristas". A farsa foi desvendada anos depois. Primeiro, porque os corpos dos dois foram enterrados com nomes falsos, para dificultar a identificação; depois, porque as fotos arquivadas no DOI-Codi mostravam uma série de hematomas nos corpos, provocados por tortura.

Carlinhos ficou transtornado: "Eu não entendia nada, encapuzado, encostado na 'geladeira'. Até que falaram: 'Olha, acabamos de matar o Iuri, lá em São Paulo. Ele, a Ana Maria e o Marcos'".

Iuri Xavier Pereira, o irmão de Alex, Ana Maria Nacinovic e Marcos Nonato da Fonseca foram mortos no dia 14 de junho de 1972, segundo a versão oficial numa troca de tiros ao receberem ordem de prisão, num restaurante chamado Varella, bairro da Mooca, São Paulo. Um quarto militante da ALN, Antônio Carlos Bicalho Lana, conseguiu escapar do cerco. Mais uma farsa armada. As fotos, localizadas tempos depois nos arquivos do DOI-Codi, mostram múltiplas lesões no corpo de Iuri. E o testemunho de um preso confirma que os corpos dos três estavam jogados ao chão nas dependências da unidade do II Exército. Iuri foi enterrado no cemitério Dom Bosco, em Perus, como indigente.

Carlinhos acrescenta: "Até que me tiraram o capuz, me levaram para a cela e nesse dia não encostaram mais a mão em mim".

O professor Henrique Miranda, pai de Carlinhos, era primo de um religioso que coordenava, pela arquidiocese, as igrejas dos bairros da Tijuca e Vila Isabel. Ele pediu a esse religioso um favor: que fosse a dom Eugênio Sales, arcebispo do Rio de Janeiro, interceder pelo filho preso. Dom Eugênio era superconservador, mas deu certo. No mesmo dia um policial pegou Carlinhos na cela e esbravejou, contrariado: "Você tem costa quente, seu filho da puta, pode sair". A mãe, dona Maria Augusta, foi resgatá-lo na sala do sinistro coronel Adyr Fiúza de Castro, chefe do DOI-Codi no Rio, que trabalhava sob as ordens do general Sylvio Frota. E travou com ele um diálogo áspero, mas esclarecedor:

Coronel Fiúza: "Minha senhora, sou um fanático, fui educado para matar, minha missão é destruir" (*frase que lembra bem uma das declarações de Bolsonaro em seu destrutivo governo*).

Dona Maria Augusta: "Senhor coronel, sou médica, fui educada para salvar, minha missão é construir".

Carlinhos conta que na mesma cela estavam presos ele, Amauri, Bira e Areias. E logo que saiu da prisão dirigiu-se à sede da CNBB, na Glória, onde hoje funciona o Movimento Viva Rio. Com ele, estavam David Capistrano Filho (líder estudantil que viria a ser médico sanitarista e um dos responsáveis pelo texto na Constituição de 1988, que deu origem ao Sistema Único de Saúde, o SUS), Lúcia Souto (futura médica sanitarista, pesquisadora da Fiocruz e deputada estadual por duas legislaturas, entre 1991 e 1999) e, pasmem, Osmar Terra (sim, o hoje bolsonarista e negacionista, que foi contra a vacina da Covid). A ida do grupo à CNBB teve por objetivo contar como tinha sido a prisão e quem ainda estava por lá. "De repente, aparece um padre ofegante, olho arregalado, para informar que o prédio estava cercado e que a polícia queria prender todo mundo de novo", lembra Carlinhos.

Um integrante da cúpula da CNBB tranquilizou o grupo: "Não há problema". E revelou, segundo Carlinhos, que o prédio tinha uma saída de emergência: "Dois padres nos conduziram e saímos pelo outro lado, perto do prédio da extinta Manchete". Ele faz questão de dizer que a Igreja teve uma atuação muito solidária no movimento, apesar do apoio que boa parte dela deu ao golpe de 1964.

E vêm à memória da turma outras passagens sobre o papel da Igreja na resistência. Além das manifestações de Dom Helder Câmara, em Pernambuco, e de Dom Pedro Casaldáliga, em São Félix do Araguaia, são lembradas as atividades de dois dominicanos: Frei Betto, adepto da Teologia da Libertação, preso na ditadura por duas vezes e autor de mais de 70 livros, entre eles *Cartas da prisão e Batismo de sangue*, e Frei Tito, que participou do congresso da UNE em Ibiúna, foi preso, torturado e banido do país na troca pelo embaixador suíço, seguindo para o Chile, depois Itália e França.

Traumatizado por tudo o que sofreu, Frei Tito suicidou-se em agosto de 1974. O martírio foi descrito por ele numa carta que se tornou um símbolo da luta pelos direitos humanos: "É preciso dizer que o que ocorreu comigo não é exceção, é regra. Raros os presos políticos brasileiros que não sofreram torturas. Muitos (...) morreram na sala de torturas. Outros ficaram surdos, estéreis. A esperança desses presos coloca-se na Igreja. (...) É hora de nossos bispos dizerem um BASTA às torturas e injustiças promovidas pelo regime, antes que seja tarde. (...) As provas das torturas trazemos no corpo".

Aloisio destaca ainda a carta do padre Jean Honoré Tape denunciando as atrocidades cometidas pela repressão. Ele, Glauco, Arnaldo e Fernando foram à igreja em Vila Isabel e, durante a missa, distribuíram cópias da mensagem do padre. Carlinhos distribuiu a mesma carta na igreja da Rua Benjamim Constant.

Glauco cita também os padres franceses da Igreja da Santíssima Trindade, na Rua Senador Vergueiro. Trabalhavam com a comunidade do Morro Azul. Foram presos, torturados e mandados de volta para a França, sob a acusação de comunistas que "agitavam as comunidades mais pobres". E Chiquinha recorda, emocionada, o apoio que ela e Juca receberam dos sacerdotes da Igreja de Nossa Senhora da Salete, no Catumbi: "Eram muito solidários, ajudaram a gente até financeiramente".

Voltemos no tempo para uma lembrança dramática de Iara. Um vaticínio. Depois de retornar do treinamento em Cuba, ela foi morar num aparelho com um companheiro de Minas. "Aí, ele saiu e logo depois voltou correndo e perguntou: 'Você tem ponto hoje?'. Respondi que não, estava articulando a montagem da gráfica da ALN porque o companheiro que rodava os jornais *Ação* e *Venceremos* tinha caído". O militante mineiro deu-lhe uma instrução que a assustou: "Então não saia de casa!". Iara teve uma reação instintiva – seria a temida notícia que, sabia ela, viria a qualquer momento, como veio para o Carlinhos, durante a prisão dele? "Porra, quem morreu? Foi o Iuri, né? Foi o Iuri, né?". O rapaz respondeu, nervosamente: "Não, não, não". Iara abriu a porta – a casa ficava no alto de uma ladeira – e viu, ao longe, Iuri, Marcos e Aninha. Transtornada pelo susto, xingou o menino de tudo quanto era nome. "Agora não é hora pra isso não. Temos que ir para a rua, segurar as pontas, checar os pontos, as referências, garantir a organização e diminuir as perdas". Não conseguiu.

Iara vivia aos sobressaltos, mudando de um aparelho para outro – "dizem meus amigos que nunca me livrei de montar aparelhos, todas as casas em que fui mudando nessa vida têm jeito de aparelho" –, sempre armada, sabendo que ela e Carlos Eugênio tinham a cabeça a prêmio. "Na clandestinidade, você acompanha as perdas, sofre, mas não pode fraquejar. Uma amiga me falou: 'Está na hora de você chorar'... Não há espaço para isso".

Ela passou por vários aparelhos e muitos sustos. Numa de suas fugas, saiu com a bolsa cheia de material comprometedor. Sentiu-se perseguida. Buscou guarida com o Lindorfe, aparentado da família Tibiriçá Miranda que estava morando em São Paulo. Iara conta que foi o irmão Alex quem recomendou: "Se você tiver algum sufoco, procura o Lindorfe".

Mas teve o dia, também, que foi Lindorfe quem tomou um susto. Ele sempre vinha ao Rio, segundo Aloisio, para namorar. Frequentava a lanchonete Americana, ponto de encontro da rapaziada. Neném diz que era uma pessoa muito atenciosa e divertida: "Chamava o Pulguinha, o garçom da turma, sempre acenando o guardanapo". Vamos ao susto que ele passou: numa bela noite, Iara chegou à casa de Lindorfe, em São Paulo, de surpresa. Família reunida para o jantar, Iara participou e conversou com todo mundo e, na hora de dormir, subiu para o quarto com Lindorfe. Ao chegar lá, tirou o revólver da bolsa e o colocou na mesinha de cabeceira. Lindorfe não sabia que ela andava armada. Segundo Aloisio, o companheiro ficou "pálido, apavorado, sem palavras". Nem dormiu.

Manifestação no MEC em 1970, por mais vagas nas universidades.
Acima, vê-se Maria Alice Ramos, Ceres e seus pais, Aloisio, João Quental e Glauco.
Abaixo, Glauco e Ceres negociam a audiência com o ministro Jarbas Passarinho

As aventuras de Juca e Bira (de blusas brancas) no Nordeste: na "gaiola" do Rio São Francisco eles foram de Pirapora a Juazeiro, e de carona chegaram a Aracaju

Dois momentos de festa para a turma da Vila, na década de 1970: os casamentos de Fernando e Alicinha (ao lado) e de Valério e Ivone (acima)

Travessia Petrópolis-Teresópolis, na década de 1970. No grupo, Arnaldo, Glauco e Aloisio

Em frente à Gruta Castelo do Morro Açu, na mesma travessia, Carlinhos prepara o café

Alicinha, Aloisio, Arnaldo e Neném na Vila, no início dos anos 1970

4.
MARTÍRIO

As quedas se sucederam naquele ano de 1972. Nem todos gostam de falar sobre as prisões e as sessões de tortura a que foram submetidos. É um assunto naturalmente delicado. Glauco e Carlinhos levaram anos para conversar sobre o período na prisão. Até o dia em que se encontraram no restaurante Lamas e superaram o problema. "O Carlinhos invariavelmente mudava de assunto. Era difícil pra mim também", desabafa Glauco.

Alguns declinaram de participar dos encontros destinados à gravação das histórias aqui contadas, porque ainda carregam o trauma daquele período. Outros participaram, mas retiraram-se da gravação quando o assunto era tortura. E houve os que enfrentaram os fantasmas do passado e desabafaram. Cada um tem sua história de resistência e sofrimento.

Angela – *"Caí na minha rua, perto de casa. Gritei muito. Muito. Gritava meu nome. Pedia que fossem até minha casa e avisassem minha família. Não adiantou, me levaram. Fiquei na cela com a Eliane Fernandes, mulher do Antônio Roberto, e a seguir me mandaram para a Ilha das Flores. Saí algemada para lá, de barco, com o David Tygel* (sim, o músico do Boca Livre) *e um operário de quem não lembro o nome. Logo depois chegaram Iracema e Cristina. Lembro que havia um sistema de comunicação, pela parede, com os rapazes. Não sofri tortura física, só mental. Colocavam a gente numa solitária que ficava no porão do presídio. Podíamos receber visita da família. Mas quando saí de lá, estava muito assustada".*

(Angela tinha sido excedente e estudava na Faculdade de Medicina da UFRJ. Lá conviveu com Elmo Correia, Luís e Marisa, assassinados na guerrilha do Araguaia. Enquadrada na Lei de Segurança Nacional, foi absolvida)

Miriam – *"Em junho de 72 tive um ponto com o João e ele me avisou: 'Está todo mundo caindo'. Fui para casa, morava com minha mãe, que não sabia de nada, e falei para ela que iria viajar. Às duas da manhã bateram na nossa porta e me carregaram. Minha mãe entrou em desespero. Eu tinha explicado tudo pra ela, rapidamente, antes de dormir. Quando bateram, disse: 'Mãe, não deu tempo, são* *eles'. Não teve jeito, tivemos que abrir a porta. Entraram dois meganhas do tamanho de um bonde. Minha mãe perguntou para onde eles iriam me levar e qual era o nome deles. Cheguei a dizer: 'Mãe, não adianta pedir o nome, eles não vão dar o nome verdadeiro'. Ficaram meio irritados, mas falaram para minha mãe: 'Minha senhora, amanhã ela vai estar de volta'. Quando entrei no elevador, um deles ainda comentou: 'Está vendo o que vocês fazem com suas famílias?'. Na Rua São Clemente, em frente à Casa de Rui Barbosa, havia um Fusca parado. Me jogaram dentro do Fusca. Entrou um de cada lado e tinha mais dois no banco da frente. Me colocaram um capuz e começaram a rodar. Me perguntaram: 'Sabe pra onde você está indo?'. Respondi: 'Sei'. Mesmo com o capuz, você reconhece os caminhos. Aí começou a porrada. 'Você não sabe nada'. Até que chegamos na Barão de Mesquita. Quando nós entramos fui tomando porrada pelo caminho, até descer uma escada que dava num porão. Meu capuz tinha um furinho e eu consegui ver, através dele, pezinhos de pessoas alinhadas contra a parede. Passei então por uma espécie de roleta. E aí mandaram eu tirar a roupa. Estava menstruada. Eles me ofendiam dizendo que eu não era virgem, que eu era puta. Aí foi como todos os que caíram: sessões de tortura, geladeira, choque elétrico. Chegaram a trazer o Glauco na minha frente. Isso durou uns 15 dias. Eu apanhava muito por nomes que eles davam e eu nem sabia quem eram. Não sei como sobrevivi. Me levaram, então, para uma cela onde estava a Beth, do Zé Roberto* (quadro de direção do PCdoB). *Ela me deu muita força. Quem conseguiu me tirar de lá? Não sei. Não sei se foi minha mãe, o ex-marido dela ou se foi o pai do Glauco, seu Aldo... Dá para respirar um pouquinho?", pergunta ela, emocionada.*

(Miriam estudava na Faculdade de Farmácia da UFRJ e lá conheceu Glauco, que viria a ser seu marido, João Quental e Manoel, então noivo da Ana Maria, que tinha sido excedente de medicina)

Glauco – *"Estava na clandestinidade e minha irmã me convenceu a ir me despedir de meus pais. Fui no porta-malas do carro. Olha só!*

Foi um chororô... Não deu muito tempo, eles apareceram e cercaram o prédio. Queriam me levar preso. Meu pai não abriu a porta. Depois de muita discussão, negociou nossa ida ao Ministério do Exército no dia seguinte. Cumprimos o prometido e fomos lá, na sede do DOI--Codi. Assim que chegamos, nos separaram. Me levaram para uma outra sala e pediram a meu pai que esperasse. Ele ficou me esperando, esperando... Enquanto ele esperava, fui encapuzado e levado dali num Fusca, debaixo de muita porrada. Durante minha prisão, na PE, a maior parte do tempo eu estava sendo torturado. Quando não, ficava trancado. Tive um companheiro de cela, um cara do MR-8, que passava o tempo escrevendo, escrevendo e, de repente, rasgava tudo e comia os papeis. Eu ficava pensando: esse cara vai ter uma indigestão. Na porta da cela havia uma inscrição: 'As marcas do corpo desaparecem, as do espírito não'. Isso ficou gravado na minha cabeça. Você tem que aprender com isso. Eles querem destruir sua mente, você é o que pode realizar na vida... Houve uma mobilização de meu pai com velhos combatentes do tempo da Segunda Guerra, pela minha libertação".

(Glauco estudava na Faculdade de Farmácia da UFRJ e ocupava cargos de direção no PCdoB)

Amauri – *"O que mais me traumatizou foi a violência da tortura. Teve um dia em que eu passei o tempo todo, o tempo todo, levando porrada de cinco caras. Um me chutava por trás, outro me socava pela frente. Simultaneamente, num rodízio cruel. Fiquei completamente atordoado. Essas prisões que ocorreram em 72 poderiam ter ocorrido em 71, porque em 71 eu, por exemplo, fiz cinco semanas seguidas de ponto com o Joel. Ele foi preso e assassinado naquele ano. Mas não falou nada, não abriu para ninguém.*

(Amauri ainda era secundarista, depois cursou comunicação na UFF e lá fez parte do DCE da universidade)

Maria Alice Ramos (Arnaldo fala por ela) – *"A prisão de Maria Alice foi notícia de jornal. Não pela prisão em si, era mais uma, mas porque o pai dela pegou o carro e seguiu os caras, chegou a dar uma* *fechada para tentar tirar a filha. Não conseguiu e Maria Alice sofreu como todos os presos daquela época.*

(Maria Alice estava no primeiro ano da Faculdade de Letras da UFRJ; depois de formada, se encontrou na música)

Arnaldo – *"Fiquei prisioneiro em três ocasiões. A primeira em julho de 1972; chegaram à noite lá em casa. Procuravam meu ex-cunhado, mas ele já não morava mais lá. Já tinham batido lá uns 20 dias antes, atrás de minha irmã Leilinha. Abrimos aquela janelinha da porta de entrada da casa e minha tia Leila, segurando o revólver de meu pai, um 'trezoitão' de xerife, só dizia atrás de mim: 'Se eles tentarem entrar, eu atiro'. Foram embora para voltar dois dias depois, agora atrás de mim. Entraram de carro na Vila, a gente até ouvia a comunicação deles com o comando: 'Lua 9 chamando... Lua 9 chamando...'. Só tinham a acusação de que ouvíamos a Rádio de Pequim dentro do Dodge Dart do meu pai, o único carro da Vila. Chegaram a um acordo e fui com meu pai no dia seguinte à PE. Passei dois dias lá. Deram uns empurrões, me xingaram, ameaçaram, mas não me esculacharam. Meu pai aconselhou: 'Vai dar merda, meu filho, é melhor você ir para a casa de seu tio, em São Paulo'. Não fui, morria de medo de ser sequestrado e desaparecer na rodoviária. Na segunda vez, apareceram lá pelas três da manhã. Quando bateram à porta, abri a janelinha e vi, primeiro, uma companheira nossa. Atrás dela, os agentes da repressão. Queriam me levar à força e meu pai reagiu, com o 'trezoitão': 'Quem manda aqui em casa sou eu. Aqui ninguém entra. Também sou militar, sou da Aeronáutica. Quem vai levá-lo à força? Quem?'. Acabaram fazendo de novo o mesmo acordo: eu me apresentaria no dia seguinte à Polícia do Exército. Ficaram na Vila e na manhã seguinte meu pai me levou. Fomos apresentados a um tal capitão Leão. Meu pai alertou: 'Olha, estou deixando meu filho aqui, na mão de vocês... Olha lá'. Me levaram para interrogatório: 'Abre o jogo, rapaz'. No fim da tarde me botaram um capuz, me jogaram num carro, rodaram, rodaram e voltamos para a PE. Ao sair do carro me deram um empurrão e tropecei num batente, mas não caí. 'Tira a roupa, rapaz'. E me sacanearam: 'Tesão, hein,* *bonitinho...'. Arrancaram os pelos do meu peito, bateram na minha cara. Acusavam: 'Você é o Lucas, né?!'. Fiquei cinco dias apanhando. Não vou detalhar os lances da tortura. Ao fim do quinto dia, à noite, me deram a roupa e me mandaram embora. Peguei um táxi e fui pra casa. E, para terminar, teve ainda o episódio da intimação inesperada. Ligaram lá pra casa para que eu comparecesse de novo ao Ministério da Guerra. Cheguei com meu pai. Um tenente-coronel chamado Milton, barrigudão, cara de escroto, sub do temido Fiuza, mandou esperar. Passou um tempo, chegaram três caras. Perguntaram ao tenente-coronel Milton: 'São esses?'. Estávamos os três naquela sala do Ministério do Exército: eu, Maurício Passaralinho, que veio para a militância no movimento dos vestibulandos, e Bia, que era mulher do Paragua naquela ocasião e estava lá para saber do paradeiro dele, sumido há dias. Eles ordenaram para mim e Maurício: 'Vocês vêm com a gente. Vamos todos para a PE'. Comecei a fazer um escândalo. 'Pra onde? Para aquele castelo dos horrores?'. Um deles respondeu com ironia: 'Aquilo lá mudou muito, rapaz, você vai ver'. Maurício ameaçou se matar: 'Vou me jogar aqui de cima'. Bia também deu um ataque: 'Cadê meu marido?'. Uma confusão, uma gritaria. Então o tenente-coronel barrigudão voltou. Segurou a Bia dizendo que precisavam conversar sobre o marido dela. Aliviou nós dois e ordenou que voltássemos segunda-feira. Quando cheguei em casa, Maria Augusta me aconselhou a procurar uma clínica psiquiátrica para que eu fosse internado. Ela me encaminhou para uma clínica na Rua Álvaro Ramos, em Botafogo. Fiquei lá um bom tempo jogando pingue-pongue com pacientes que, pensei, estavam se escondendo como eu. Mas tinha a convicção de que eles sabiam por onde eu andava".*

(Arnaldo estudava na Faculdade de Enfermagem da UFRJ e, ao voltar às aulas, soube que um grupo de agentes tinha se reunido com a diretora da escola, professora Elvira de Felice e Souza. A diretora, então, chamou Arnaldo, que recebeu dela um conselho curto e seco, nada solidário: "Arnaldo, você não vai arrumar nada aqui, tem que ir embora")

Havia um ritual sádico durante o encarceramento. Periodicamente os presos eram levados para prestar depoimento. Angela lembra a primeira vez em que isso aconteceu com ela, no 1º Distrito Naval: "Era um dia de muito sol e as pessoas paravam para ver o cortejo passar, com uma jovem algemada, cercada por policiais armados". Quase toda semana a cena se repetia. Numa dessas idas ao 1º Distrito Naval, soube que um militante do PCB teria sido jogado do andar onde os presos aguardavam a chamada para depor. "Esse militante chamava-se Célio Guedes. Era tio do Paragua". Segundo a versão oficial, ele próprio teria se jogado do prédio.

Mesmo após a prisão, nenhum deles ficava totalmente livre do calvário. Continuavam monitorados pela repressão. "Éramos seguidos. Tínhamos que, rotineiramente, assinar presença na Marinha, no Exército", comenta Glauco. "Eu semanalmente assinava um livro no Ministério do Exército, para provar que não estava na clandestinidade", acrescenta Carlinhos. "Passei todo o ano batendo ponto na Naval", diz Amauri. "Certa vez, assinei o livro lá no Ministério do Exército. Atravessei a Presidente Vargas e quando passava pelo Campo de Santana cruzei com o militante de codinome André. Não nos falamos. Certamente ele iria fazer o mesmo que eu acabara de fazer. Cada um seguiu seu caminho. Eu, sempre com um medo horrível de ser sequestrado e desaparecer", revela Arnaldo. "Vivia num estado de muita tensão, com todos os medos. Até na faculdade sempre tinha seguranças atrás da gente, não eram seguranças da gente", lembra Angela.

AS CICATRIZES, OS FANTASMAS E O BATISMO

A tortura não dói só no corpo; deixa também sequelas na alma. Desde que foi preso, Arnaldo é atormentado por sonhos extremamente violentos. "Semana passada, por exemplo, tive dois sonhos arrasadores.

Me cercaram e eu comecei a distribuir porrada. Acordei e minha pressão estava lá em cima. Isso me afeta até hoje. É uma herança desses dias miseráveis, um trauma".

Às vezes Arnaldo tem um comportamento irascível. Quando discute política com parentes bolsonaristas, por exemplo, fica indignado com o primarismo deles: "O camarada viu o que aconteceu e hoje em dia vem defender essa pústula? Dá uma revolta, que é outra coisa que não consigo metabolizar legal. Tem efeito psicologicamente ruim, me induz a sonhos violentos. Catarse é um esculacho que me detona".

Arnaldo já tentou se livrar dos fantasmas desse período da vida. Fez, durante muito tempo, meditação: "Me ajudou". Carlinhos intervém e sugere o caminho da música, já que Arnaldo é compositor e violonista. Ele conta que durante anos teve medo da própria sombra e que, às vezes, estuda a idade média, a inquisição: "Masmorras, torturas... Essas coisas me vêm à cabeça. Causa revolta. E a vontade de explodir o mundo". Glauco apoia o amigo, diz que pode contar com ele.

Depois da prisão, Glauco soube que sofria de síndrome pós-traumática. Pesadelos também atormentavam seu sono. Trabalhou no laboratório do Hospital São Sebastião, no Caju, durante a epidemia de meningite meningocócica que o regime militar tentou esconder da população, a partir de 1971 – a censura fez com que os casos aumentassem em proporção geométrica e sem controle: 67 mil registros entre 1971 e 1976; só em 1974 foram 2.500 mortes. Dias difíceis. "Às vezes, nem luva tínhamos". Muito menos tempo para descansar. Quando conseguia tirar uma soneca, lá vinham os pesadelos. "Eu acordava o hospital inteiro de tão terríveis que eram. Tive que tomar antidepressivos, fiz tratamento por um bom tempo".

Nas audiências do julgamento, no Tribunal Militar, Glauco encontrava sempre o filho do Nelson Rodrigues – Nelsinho, que esteve preso sete anos por integrar os quadros do MR-8 e participar da luta armada –, com algemas nos pés e nas mãos. "Era uma juíza gordinha e baixinha quem comandava as audiências, numa cadeira enorme. Os pés dela não tocavam o chão. Parecia uma bruxa. Certa vez, no segundo IPM (*Inquérito Policial*

Militar) do qual tomava parte, saí de lá e, chegando ao Campo de Santana, de repente não sabia onde estava. Sentei num banco até me acalmar. Realmente a tortura é um mecanismo de destruição da pessoa".

Uma das coisas que a tortura faz – e faz questão de fazer como estratégia, analisa Angela – é quebrar, romper o ego das pessoas. "Ela sai esfacelada, passa a ter medo de tudo. Leva um tempo para se recompor. Até hoje ainda tenho resquícios disso e já sou avó de três netos". Angela fez terapia por longo tempo e revela que a convivência com a turma da Vila a ajudou muito: "Sou muito grata ao grupo".

Mesmo quem não foi preso nem torturado carrega as cicatrizes que o regime militar deixou gravadas na vida de cada um. Maria Alice Genofre é uma das que se retiram quando alguém fala de tortura: "Não aguento". Ela trabalhou durante o período do Araguaia coordenando e distribuindo os jornais do movimento e pregando cartazes nos postes do Rio de Janeiro sobre a guerrilha. "O risco era enorme. Certo dia, esqueci a bolsa com vários exemplares na barca Rio-Niterói. Nunca fui presa, não sofri nada, mas fiquei com trauma".

Em 1972, ano de muitas quedas, o partido orientava as pessoas a deixarem as suas casas. Angela sentiu uma tristeza enorme ao "deixar a casa e ir para um quarto sozinha". Não teve jeito. "Uns nem tiveram tempo", lembra João Quental, que saiu no mesmo dia em que recebeu a orientação: "Aluguei um quarto na Rua Alice, onde fiquei cerca de um mês". Depois mudou-se para um outro quarto, em Santa Teresa, e lá morou até ser preso.

João entrou na clandestinidade num período em que o partido passava por muitas dificuldades na luta contra a ditadura. "Como tinha caído muita gente, o partido teve que sofrer uma reorganização. Contava apenas com as pessoas que sobraram. Assumimos responsabilidades pelas quais não sei se tínhamos estrutura".

Ele fez sua parte e vivenciou uma história curiosa. Um ano antes, recebera uma herança de família – "um bom dinheiro", diz –, e decidiu doá-la ao partido. Articulou cuidadosamente a entrega e marcou um ponto na Praça das Nações, em Bonsucesso. No dia e hora marcados, João saiu com um sacolão de supermercado repleto de dinheiro. "Para disfarçar, coloquei umas laranjas sobre as notas". Entregou a bolsa e deixou o local rapidinho. João diz que guardou dois bons conselhos que recebeu dos dirigentes do partido. "O primeiro, como suportar e se comportar na clandestinidade. O segundo, pegar um pouco daquele dinheiro da herança e guardá-lo, porque poderia precisar".

Embora com boa parte dela na clandestinidade, perseguida ou recém-libertada, a turma da Vila da Ipiranga ainda encontrava fôlego e tempo para os desafios do montanhismo; às vezes, logo depois de uma noitada na boemia. "Estávamos num restaurante perto da Cândido Mendes, na Glória. Era noite, chovia e tínhamos bebido bastante. Mesmo assim, decidimos subir a Pedra da Gávea. Uma loucura", confessa Arnaldo. E sempre tramando uma conspiração. "Certa vez, no acampamento de Mangaratiba, discutimos a possibilidade de uma guerra popular: tramávamos a revolução", diz Aloisio. "Noutra, subindo a serra", acrescenta Arnaldo, "pensamos em mobilizar uma guerrilha na travessia do Açu, fora do esquema do partido". A ideia era arregimentar pessoas em Teresópolis para o movimento. "Paulo Baía, egresso do 'Pecebão', trouxe alguns companheiros dele. Fizemos reuniões na praça da cidade. O mais incrível é que todos concordaram com aquele desvario juvenil. Graças a Deus fui preso antes", ironiza Arnaldo.

Mas nenhum desafio foi mais emblemático do que aquele que deu uma identidade à turma da Vila da Ipiranga. Mais uma vez estavam todos fazendo a travessia Petrópolis-Teresópolis. Debaixo de chuva, tentavam subir o Morro do Queijo. Não conseguiam. De repente Aloisio escorregou ladeira abaixo. "Fiquei meio desesperado e, não sei por qual razão, talvez lembrando o filme que havíamos assistido, comecei a gritar: 'Branca! Branca! Branca!'. Instantaneamente, a turma respondeu em uníssono: 'Leon! Leon! Leon!'.

Foi uma espécie de batismo. O grupo só iria externar essa parecença e se autointitular publicamente anos depois, mas se identificou, naquela queda cinematográfica acompanhada do grito de guerra, com o incrível exército de Brancaleone do filme, em sua sina de encarar todo tipo de dificuldades – e fragilidades – para realizar um objetivo, por mais impossível que fosse. "O Brancaleone é a busca da utopia na adversidade, dando certo, dando errado, dando certo, dando errado, mas sempre acreditando", define Aloisio.

Glauco reforça: "Nossa história é parecida com a história do Brancaleone. A gente perseguia as utopias, um lado bonito da amizade que nos unia, e só se fodia. Assumimos essa identidade que tem humor, mas uma visão crítica também. Éramos muito pretensiosos". A história inspirou Arnaldo e Glauco a comporem um samba sobre a epopeia da armada brancaleônica, com direito a videoclipe (que pode ser assistido no YouTube).

Brancaleone, o nosso herói medieval
Reuniu seus camaradas, no cenário nacional
Branca é a paz, conquistada a liberdade
Quando o bicho pegou, guerreou
A peste e a fome enfrentou
Encarando a própria morte, honrando seus ideais
Lutando a pé ou montado no Aquilante. Donzelas monumentais
E hoje, festa na Vila, caminhada na montanha
Nosso bloco de mortalha e a ala das baianas
Lacrimogêneo, gás do riso, gás neon
Nosso coro se ouvia: Leon! Leon! Leon!

A ARTE, O CLUBE E O MEDO

Autor do brado retumbante, Aloisio estava às voltas, na época, com o movimento universitário, não só política como culturalmente também. Logo no primeiro ano da faculdade de medicina, foi escolhido representante de turma e liderou um protesto contra um professor, "o Lacaz". Ninguém entrou para fazer a prova porque ele decidiu que cada questão errada eliminava uma certa. A turma toda se envolveu no protesto e "essa mobilização ajudou a criar o show *Prata da casa*, uma retomada cultural estudantil". Aloisio era o produtor, coordenador e apresentador do show, junto à Leila e ao João Ferreira, colegas da faculdade. Para festejar o protesto bem-sucedido, "saímos todos a cantar *Apesar de você* pelas alamedas até a Praça Vermelha, como denominavam o pátio interno da faculdade".

A turma da medicina também foi responsável pela reativação do Cuca, o Centro Universitário de Cultura e Arte. Aloisio cuidava da área musical e lembra, orgulhoso, do show que produziu, no ginásio da PUC, com Sérgio Ricardo, Paulinho da Viola, Terra Trio e dois ou três colegas do *Prata da casa*. O Terra Trio gravava com a Maria Bethânia e, no show, fez a "cozinha" para Paulinho da Viola e Sérgio Ricardo.

Com as perseguições, as prisões e os desaparecimentos, o PCdoB não tinha muito clima para festejar seus 50 anos de fundação. Mas a cultura viveu uma intensa programação para comemorar meio século de uma revolução que aconteceu de 13 a 18 de fevereiro de 1922, em São Paulo: a Semana de Arte Moderna, um marco na arte brasileira por romper com o conservadorismo, defender a liberdade e a autonomia de criação e expressão e valorizar a identidade e a cultura nacionais. Exposições, seminários, concertos, peças de teatro, palestras e publicações especiais reverenciavam o movimento que teve, entre suas principais estrelas, Anita Malfatti, Tarsila do Amaral, Victor Brecheret, Heitor Villa-Lobos, Ismael Nery, Oswald de Andrade, Cândido Portinari e Mário de Andrade.

Carlinhos lembra que, na ocasião, fruto de uma ação conjunta de centros acadêmicos, diretórios e grêmios, foi lançada uma publicação comemorativa intitulada *Pau Brasil* – "tinha até um exemplar comigo, que doei para o acervo da Fundação Maurício Grabois". A edição trazia artigos de intelectuais sobre 1922, ano de intensa agitação cultural e política no Brasil, e ganhou seu título justamente por conta do *Manifesto Pau*

Brasil, criado por Oswald de Andrade na primeira fase do modernismo, em defesa de uma poesia brasileira "de exportação" para ressaltar nossas características étnicas e culturais.

Dizia o manifesto: "A língua sem arcaísmos, sem erudição. Natural e neológica. A contribuição milionária de todos os erros. Como falamos. Como somos. Não há luta na terra de vocações acadêmicas. Há só fardas. Os futuristas e os outros. Uma única luta – a luta pelo caminho. Dividamos: poesia de importação. E a Poesia Pau-Brasil, de exportação. Bárbaros, crédulos, pitorescos e meigos. Leitores de jornais. Pau-Brasil. A floresta e a escola. O Museu Nacional. A cozinha, o minério e a dança. A vegetação. Pau-Brasil".

O responsável pelo jornal, acrescenta Aloisio, era o Júlio Muller, sobrinho de Filinto Muller, torturador chefe da polícia política de Vargas e um dos responsáveis pela prisão da judia alemã Olga Benário, companheira de Prestes deportada grávida para a Alemanha, onde seria executada em 1942 no campo de concentração de Bernburg. Filinto era mato-grossense, fez carreira política na Arena, chegou à presidência do Senado na ditadura e morreu em 1973 na queda do avião da Varig em Orly, que matou 123 pessoas.

Na rotina da faculdade, um dia não sai da cabeça do Aloisio. Estava ele na Praça Vermelha conversando com um grupo de companheiros de turma, quando decidiu ir à reitoria, no prédio da faculdade de economia. Não encontrou o que procurava, voltou e foi cortar o cabelo no barbeiro da universidade. "Saí de lá, reencontrei o Osmar Terra e mais dois colegas. De repente, meu irmão Betão chegou para dizer que os homens estavam lá em casa, atrás de mim. Opa! Olha só... Se eu tivesse ido pra casa logo depois das aulas, estaria preso, até porque não costumavam pegar as pessoas na faculdade, pegavam sempre em casa. E agora?".

Aloisio contou com a ajuda de Osmar Terra. Primeiro, ele decretou a priori greve na faculdade se o amigo fosse preso – segundo Aloisio, o parceiro de pichações Osmar era muito combativo na época. Depois, levou o colega para dormir aquela noite na casa do Alexandre Calachi, hoje a maior referência em geriatria no Brasil. "No dia seguinte, me evadi e fiquei um ano e três meses fora de casa". Aloisio passou por vários endereços e chegou a morar um mês na casa do Júlio, aquele sobrinho do Filinto Muller, em Cuiabá, quando o pau quebrou no Rio, como diz a música de Sérgio Sampaio: "Há quem diga que eu dormi de touca/ que eu perdi a boca/ que eu fugi da briga/ que eu caí do galho e que não vi saída/ que eu morri de medo quando o pau quebrou".

O mais curioso: não era Aloisio que os agentes da repressão procuravam. Era justamente Carlinhos, o irmão dele. E não é que no fim do ano Carlinhos quase caiu pela segunda vez? No dia 1º de novembro de 1972, ele estava na casa de Teresópolis quando a irmã entrou no quarto pela manhã para informar: "Cercaram e ocuparam nossa casa ontem à noite. Nossos pais estão retidos no andar de cima, os homens procuram por você de novo. Perguntei: 'Quando você soube disso?'. Ela disse: "Ontem à noite, mas você dormia e não quis te acordar".

Carlinhos confessa que ficou puto com a irmã: "Muito obrigado, mas da próxima vez me avise no segundo seguinte". Saiu com a roupa do corpo. Foi para o Rio e pegou um dinheiro com Valério, que dava para viver uns dois dias. Rumou para a rodoviária com uma sensação horrível de que estava sendo perseguido. Mal conseguiu dormir, mas cochilou lá mesmo e de manhã bem cedo entrou no primeiro ônibus para São Paulo, onde tinha uma estrutura familiar "que dava para ficar mais resguardado". Carlinhos lembra da data com precisão porque foi nessa semana que o semanário *Opinião* começara a circular: "Viajei lendo um exemplar que consegui na rodoviária".

Era mais uma fase de clandestinidade na vida dele, e quase ninguém sabia onde estava. "Foi a melhor coisa que eu fiz porque, na sequência, mataram quatro companheiros meus, o Carlos Danielli, o Guilhardine, o Lincoln Oest e o Lincoln Bicalho". Carlinhos passou esse tempo recluso. "Foi a época em que mais estudei na vida", lembra. Um efeito colateral positivo da quase prisão que o levou a São Paulo. Fora isso, gostava de ver jogos de futebol pela televisão. Shows? Houve uma única exceção: com todo cuidado, assistiu *Arena conta Zumbi*, peça de Gianfrancesco Guarnieri e Augusto Boal. Carlinhos só voltaria ao Rio dois anos depois.

Nesse período de clandestinidde, tanto de Carlinhos como de Aloisio, os encontros passaram a ter um outro endereço: o apartamento de Fernanda, conhecido como Clube da Urca. Quando Glauco foi solto, ela voltou de Maceió, onde estava escondida, para encontrar o irmão. De início esses encontros eram difíceis, lembra ela: "Não podíamos falar nada de cunho político porque a perseguição continuava implacável, vigilância velada, permanente. E a gente ficava tenso, o medo era inevitável".

Até que os encontros com Glauco e os companheiros da Vila passaram a ser rotineiros na casa dela. Todos os sábados, Fernanda – então casada com um economista chamado Nivalde – reunia a turma para beber, cantar, dançar e discutir política. "Encontros intensos, todo fim de semana. Glauco tocava violão, cantávamos, bebíamos caipirinha e com o tempo o assunto dominante passou a ser, claro, a política".

Fernanda se emociona ao descrever o que rolava no Clube da Urca: "O clima era de alegria, se bem que às vezes a gente se preocupava. Não esquecerei jamais do sufoco, do medo e da coragem de todos nós. O apartamento era bem legal, as portas eram azuis. Casais se amavam na varanda, iluminada pela lua passageira. Era mesmo um recanto de inspiração e corações felizes. E onde a vitrola ficava também. Para acordá-los era foda".

Mais emocionada ainda, Fernanda cantarola baixinho a música de Chico Buarque de Holanda, que todos sabiam na ponta da língua e que "se tornou nosso hino, até hoje": "Apesar de você/ amanhã há de ser outro dia/ Inda pago pra ver/ o jardim florescer/ qual você não queria/ Você vai se amargar/ vendo o dia raiar/ sem lhe pedir licença/ E eu vou morrer de rir/ que esse dia há de vir/ antes do que você pensa".

Esse dia ainda estava longe.

A escalada da violência prossegue em 1973. Alexandre Vannucchi Leme, estudante da USP, é assassinado em março no DOI-Codi de

São Paulo. Paulo Stuart Wright, irmão do reverendo Jaime Wright, também é morto sob tortura no DOI-Codi, em setembro. O líder estudantil Honestino Guimarães, presidente da UNE, é preso no Rio e dado como desaparecido em outubro. O padre francês Francisco Jentel, auxiliar de dom Pedro Casaldáliga na Diocese de São Félix do Araguaia (MT), é preso e enquadrado na Lei de Segurança Nacional. Uma portaria da Polícia Federal proíbe a circulação de 46 revistas estrangeiras e 14 nacionais. Um manifesto de escritores e artistas em defesa dos direitos humanos é entregue à CNBB. O governo militar anuncia o general Ernesto Geisel como sucessor de Médici. Um golpe de Estado derruba o socialista Salvador Allende, no Chile; o general Augusto Pinochet assume e instala a ditadura e o terror no país.

O autoritarismo, o obscurantismo e a violência se espalhavam por toda a vizinhança. Com o golpe no Chile, Pinochet completava o quinteto de ditadores na América do Sul, patrocinado pela Agência Central de Inteligência, a CIA, juntando-se a Médici no Brasil, Stroessner no Paraguai, Hugo Banzer na Bolívia e Bordaberry no Uruguai, este último um civil fantoche na mão dos militares, que comandavam uma ditadura autodenominada "civil-militar". Videla, na Argentina, reforçaria três anos depois esse time, que parecia disputar um campeonato doentio. Quem prende mais? Quem tortura mais? Quem mata mais? Quem leva o título de a ditadura mais cruel do continente? Aqui, o governo militar anunciava o que considerou uma vitória épica: o desmantelamento da Vanguarda Popular Revolucionária. E mirou o próximo alvo: a Ação Libertadora Nacional, que já havia perdido os líderes Carlos Marighella e Joaquim Câmara Ferreira, o Toledo, executados por esse mesmo governo militar.

A coordenação nacional da ALN decidiu retirar Carlos Eugênio, o Clemente, do Brasil, como medida de preservação de quadros. Depois de oito anos de militância ininterrupta, Clemente deixava o país. Primeiro foi para o Chile, onde passou dois meses isolado numa casa comprada pela ALN. Chegou a Cuba em 5 de março de 1973 e lá faz o curso do Estado Maior cubano, na expectativa de que, um dia, voltaria ao Brasil para continuar na luta, lembra a historiadora Maria Cláudia Ribeiro. O curso, fundamentalmente teórico, consistia em palestras, muita leitura sobre as lutas históricas e exibição de filmes. Carlos Eugênio morava num casarão confiscado pela revolução, em Santa Maria del Mar. As aulas aconteciam em acampamentos e, eventualmente, em casa.

Clemente já estava perdendo contato com a organização enfraquecida e, no fim daquele ano, rumou para a França como clandestino, com falsa identidade portuguesa. Assim se manteve por um ano, até entrar com o pedido de refúgio político em 1974. E lá ficou por quase dez anos. Trabalhou como pedreiro, carpeteiro, pintor e eletricista. Em paralelo, estudava harmonia e composição na Schola Cantorum de Paris.

Belela, a irmã de Carlos Eugênio, ainda vivia em Salvador. Mas em março de 1973 voltou ao Rio e, em outubro, decidiu morar em Paris, de início com a irmã Valderez, a Deda, e depois com o namorado Alex Damour. "É muito legal você, muito jovem, não ter quem tome conta de você, mas tem uma hora em que você sente". E um reencontro inesperado surpreendeu Belela: Carlos Eugenio apareceu. "Enfim, depois de um tempão, três membros da nossa família, Deda, Carlos Eugênio e eu, vivíamos na mesma cidade. Que alegria!".

Carlinhos foi o responsável por juntar os irmãos. "Ele achou uma foto, conseguiu avisar minha irmã e meu irmão e a gente se reencontrou". Belela conta que Carlos Eugênio tinha uma posição política muito diferente da dela, "mas a gente se respeitava". Já derrotado e fora da luta armada, quis levá-la para o partido. Não conseguiu: "Eu até tentei, mas não rolou".

Por sua vez, Iara pensou: o que fazer? Nesse mesmo mês de março de 1973, grávida de três meses, ela perdeu o companheiro Arnaldo Cardoso Rocha, assassinado pela repressão. O cerco estava se fechando, exigindo medidas cada vez mais restritivas de segurança. Iara continuou cumprindo suas tarefas regularmente até que, com a evolução da gravidez e as consequentes limitações físicas, a direção da ALN decidiu enviá-la para o exterior. Muito a contragosto, acatou a decisão do amigo e dirigente Luís José da Cunha, o Criolo, sob o compromisso de que retornaria ao país logo após o parto. Foi levada para o Chile e, a poucos dias do golpe militar que derrubou o presidente Salvador Allende, embarcou para Cuba.

Com o golpe militar no Chile, os militantes que estavam no exterior perderam contato com a direção da ALN, ao mesmo tempo que a organização começava a sofrer um processo de extermínio. Sem conseguir retornar ao Brasil, Iara decidiu permanecer em Cuba, "criar meu filho na terra do Che", o argentino de Rosário que adotou a ilha e foi executado em 1967 na Bolívia. Ela ficaria cinco anos por lá, até que em 1978 encontraria a mãe na Itália, como estratégia para retornar ao Brasil.

Por aqui, continuavam as quedas. Ainda em março chegou a vez de João Quental: "Fui preso num ponto com um militante da VPR. Estava carregado de jornais do partido. Os homens chegaram, encostaram uma pistola na minha barriga, me jogaram no chão de um carro e me colocaram um capuz. Fui levado para o DOI-Codi, onde recebi o tratamento padrão: porrada, choque etc. Fiquei ali por cerca de um mês e fui removido para a Vila Militar. Lá fiquei num coletivo de presos por mais dois meses, já recebendo visita da família. Depois de solto, 'bati ponto' no Ministério do Exército junto com outras pessoas. Respondemos a um IPM que terminou com nossa absolvição em 1975". João estudava na Faculdade de Farmácia da UFRJ e integrava o comitê universitário. Testemunhou a prisão do dirigente Lincoln Bicalho e a denunciou à CNBB, ao grupo Tortura Nunca Mais, à Comissão da Verdade e a um procurador de justiça, interessado na identificação dos torturadores.

Miriam, que já tinha sido levada e torturada em 1972, conta que voltaram a procurá-la em 1973. Ela comenta como as vidas se cruzavam naquela época. Cita, por exemplo, que Manoel, militante da Polop (Organização Revolucionária Marxista – Política Operária) e colega de faculdade, era então noivo de Ana Maria, que ainda não frequentava a Vila nem tinha conhecido Aloisio, seu futuro marido. Ana intervém para contar que Manoel esteve preso com Henrique Miranda, seu futuro sogro, e que no Dops rolou uma brincadeira entre os presos para eleger qual deles era o mais reacionário. Deu Prestes.

Nesse mesmo ano, Glauco temeu ser preso novamente. Foi avisado de que uma nova leva de prisões se aproximava – e de fato as prisões ocorreram e um inquérito foi aberto, conduzido pelo tenente-coronel Luiz Pereira Bruce e envolvendo diversos companheiros. Decidiu ir para São Paulo, porque as normas de segurança indicavam os grandes centros urbanos como a melhor solução, mas um impulso o levou para Arraial do Cabo. "Raspei o bigode pela primeira vez, para ficar diferente, e fui armado, porque não estava disposto a ser preso de novo. Procurei um pescador conhecido meu, gente boa, que já tinha me oferecido abrigo – 'se precisar de alguma coisa, vem pra cá, vamos pescar' –, e que fora namorado de uma companheira do partido. Glauco tentou localizá-lo nas docas: 'Cadê o Tim?...'. Recebeu uma resposta nada animadora: 'O Tim foi a uma festa no Rio e nunca mais voltou'".

Glauco não pensou duas vezes e montou um plano B. Rumou para a casa de parentes distantes em São Paulo, "sem usar os caminhos mais conhecidos". Por um acaso, coincidência da história, esses parentes tinham participado da Juventude Socialista em Alagoas – "me receberam muito bem" – e guardaram Glauco lá por uns tempos.

No processo comandado pelo tenente-coronel Bruce, decidiu-se que Glauco deveria prestar outro depoimento, e ele não queria passar por tudo aquilo de novo. "Mas me explicaram, então, que eu ia entrar apenas como testemunha nesse IPM. Realmente participei como testemunha de defesa, e sumi de novo". Na época, corria ainda o processo referente à prisão em 1972, que durou quase uma década. "Eu era um dos réus. Tínhamos todas as provas de sequestro, torturas... Fomos, enfim, absolvidos".

O atordoado Arnaldo continuava assustado com a perseguição na Faculdade de Enfermagem: "Meu pai me deixava na porta da escola. E os caras estavam sempre lá, entre eles o mesmo que foi lá em casa algumas vezes. Ele já me conhecia, era um fantasma na minha vida. Estava em todas. Um dia me cercaram no portão. Saí correndo e entrei no ônibus da escola que levava a gente para estágio nos hospitais ou para o Fundão, onde, na época, a UFRJ acabara de inaugurar o Instituto Biomédico. O ônibus já estava de partida, com um grupo de estudantes. Não é que o sujeito entrou no ônibus atrás de mim!? Fiz um escândalo. 'Estão vendo esse cara aí, é da Polícia do Exército, me levou para a tortura, quase me mataram'. Com um sorriso cínico, ele só respondia: 'É mentira dele, é mentira dele'. Bicho ruim, sangue ruim, acabou descendo do ônibus e me deixou em paz".

Estudar na Escola de Enfermagem Anna Nery tinha suas vantagens. Uma delas era o acesso aos programas de estágio em hospitais. Arnaldo frequentava um apartamento do partido, na Lapa, com Nelsinho (Nelson Nahon), da Escola de Medicina e Cirurgia, e Dagô (Dagoberto Alves da Costa), outro militante do PCdoB. Arnaldo e Nelsinho estavam no programa de estágio. A função deles era recolher remédios nos hospitais onde estagiavam e enviá-los às áreas de atuação do partido, para serem usados junto às populações com as quais a organização trabalhava. "Levávamos o que podíamos pro apartamento. De lá o Nelsinho saía e entregava, não sei onde nem a quem, o sacolão com remédios, seringas, vacinas, gases, esparadrapos...". Tempos depois, Arnaldo reencontrou Dagô num barzinho chamado Cantinho da Fofoca, em Botafogo. "O Dagô foi um dos poucos que voltaram vivos do Araguaia"; saiu de lá preso, depois de apenas dois meses na guerrilha.

Arnaldo diz que foi incluído no inquérito citado por Glauco, mas no fim não chegou a ser acusado. Lembra, porém, que teve de ir duas vezes ao quartel do Exército, em São Cristóvão, para se apresentar ao tal tenente-coronel Bruce, "um gaúcho de bigode, figura ameaçadora, que viera, dizia ele orgulhosamente, do movimento integralista".

Enquanto isso, no Clube da Urca, a turma vivia às turras com uma vizinha que reclamava das festas. "Uma vez ela bateu lá em casa, estava todo mundo doidão. Noutra foi o filho dela, um alemão tarado, que ameaçou chamar a polícia. Achamos melhor baixar o som", conta Fernanda. Ela lembra também de Arnaldo chorando pelos cantos por causa da destruição de sua viola de dez cordas, com a qual abrilhantava as reuniões. O culpado por tal destruição? O gato que a Ceres tinha deixado com ele...

Todo sábado era dia de casa cheia. Vinham os amigos e os amigos dos amigos. Como no dia em que Barra, parceiro do Glauco, Humberto, baixista, e um compositor e cantor de Niterói ainda desconhecido, chamado Biafra, apareceram para uma canja de rock rural. Curioso é que, tempos depois, Glauco e o flautista Daniel compuseram uma música para um filme que contava também com a participação de Biafra. Glauco não lembra do filme nem da música. Diz que, na época, Biafra, por influência de Humberto, investia no rock rural, "depois passou a fazer aquelas canções de novela". E revela que gostava de uma música dele que começava assim: "Eu prefiro um barco pequeno/ a um grande navio/ Fruta verde, amadurece/ depois vem a apodrecer/ Num barco pequeno navegam/ esperanças de alto mar/ E quando vem a madrugada/ eu nem quero pensar/ E quando vem a tempestade/ eu nem quero navegar".

Diante da perseguição na faculdade, Arnaldo desistiu dela no terceiro ano de enfermagem. Foi fazer biologia na Souza Marques. Por pouco tempo: seis meses depois começou a cursar economia e direito no Bennet. Formou-se e ainda fez três anos de engenharia voltada para a aeronáutica. Com Miriam e Glauco, arrumou tempo para participar do Projeto Rondon, na Bahia. "Não deixava de ser um trabalho de militância", sublinha Miriam.

Entre os vários cartazes que a repressão fixava em rodoviárias e aeroportos de todo o país, acima aquele em que aparecem Alex (primeiro na linha superior), Carlos Eugênio (quarto na mesma linha, ao lado de Lamarca) e Iuri (quarto na linha abaixo)

5.
REDENÇÃO

No dia 24 de novembro de 1973 aconteceu uma festa que iria desencadear uma série de eventos surpreendentes. Para alguns, foi o início de uma fase de desbunde da turma da Vila; para outros, uma catarse coletiva para liberar todos os sentimentos reprimidos, todos os traumas acumulados nesse período da vida. A festa marcava os 24 anos do Aloisio. Foi ele quem teve a ideia e organizou a comemoração com a finalidade de reagrupar todos os companheiros, fossem da luta ou não. Era a festa do reencontro.

Aloisio acabara de voltar após um ano e três meses longe de casa. Primeiro reencontrou Arnaldo, depois Glauco e, por fim, todos aqueles que cresceram, fizeram escotismo, estudaram e militaram juntos. Fez a festa. Festa não, festança, que foi até o amanhecer, com direito a café da manhã. Todo mundo cantou, todo mundo dançou, todo mundo bebeu. "Lembro que a trilha musical foi feita num gravador do pai do Glauco. A ideia era reunir todos aqueles que estavam dispersos, que tinham sobrevivido àquele período de perseguições, prisões, torturas". Uma única ausência foi sentida: Carlinhos, que ainda estava clandestino em São Paulo, não apareceu.

Para Aloisio a festa teve um outro significado, pra lá de relevante. Fernanda apareceu com uma colega da Faculdade de Letras da UFRJ chamada Ana Maria, que estava terminando um noivado e não tinha nenhum envolvimento político. Ana admite até que era meio reacionária, meio alienada, gostava mais de festa. Confessa que ficou impressionada com a energia, a alegria da rapaziada. Mais ainda: ficou encantada pelo Aloisio. O namoro começou ali.

Enquanto isso, no país dos generais, uma luz, na verdade bem tênue, acendeu-se para iluminar a escuridão.

Ernesto Geisel toma posse como presidente, João Figueiredo assume a chefia do SNI e Golbery do Couto e Silva é nomeado ministro-chefe do Gabinete Civil, anunciando o que chamavam de "uma lenta, gradativa e segura distensão". A oposição vence as eleições legislativas: o MDB recebeu 14,5 milhões de votos; a Arena, 13,4 mi-

lhões. Apesar das evidências, a ditadura proíbe que a imprensa fale em recessão na economia. Dom Paulo Evaristo Arns e o professor Cândido Mendes marcam audiência com Golbery e levam familiares de desaparecidos pelo regime. O MDB divulga lista de desaparecidos, com os nomes, entre outros, de Fernando Santa Cruz, Eduardo Collier e David Capistrano, e pede esclarecimentos ao Ministério da Justiça. O Tribunal Russell reúne-se em Roma para investigar e avaliar a repressão no Brasil, no Chile e em toda a América Latina tomada por ditaduras sanguinárias.

Em junho de 1974 caiu mais um quadro importante da ALN. A polícia prendeu "Joana", que fizera treinamento de guerrilha e havia estudado enfermagem em Havana. Segundo Carlos Eugênio, "um quadro muito útil à organização, porque trabalhava em duas clínicas que tínhamos em São Paulo para socorrer companheiros nossos, feridos em combates".

Joana era o codinome de Maria da Conceição Sarmento da Paz, a mãe de Carlos Eugênio. Ela passou um mês sendo barbaramente torturada pessoalmente pelo delegado Sérgio Fleury, o carrasco temido por todos que comandava a Oban. Mesmo torturada e sabendo que o filho já se encontrava fora do Brasil, silenciou diante dos algozes. Não deu informação alguma. Tempos depois, Clemente a questionou sobre essa decisão e ouviu uma resposta curta e direta: "Uma mãe jamais entrega seu filho".

Carlos Eugênio estava há pouco mais de um ano em Paris, vivendo com certa dificuldade, mas empenhado na tarefa prazerosa de estudar música com o mestre Pierre Doury. Levava jeito para a coisa e sabia que ali podia estar seu futuro, uma carreira para quando – e se – voltasse ao Brasil.

Iara, companheira da ALN, também procurava se adaptar ao exílio: "Nem todo mundo se acomodava em Cuba". Com a mãe Zilda refugiada na Itália, os irmãos Alex e Iuri assassinados e impossibilitada de regressar ao Brasil, vivia atormentada pelos demônios da solidão e da consciência: "Nós que sobrevivemos temos um sentimento de culpa que vai com a gente, quando a gente se for. Por que eu fiquei viva? Para contar a história? Porra, que outro conte a história". E desabafa: "Tenho muito cuidado quando sou a única fonte pra falar, um cuidado que tive a vida inteira e outros não tiveram. É muito fácil você bancar o herói quando todos os outros morreram e só você está vivo".

De volta ao Rio, ainda em 1974, Carlinhos passou em todos os vestibulares com a certeza de que, "ao contrário de quase toda a minha família e de todos vocês, não iria para a área de saúde". Não iria também para exatas, como engenharia, nem para ciências sociais e história, "nessas sou autodidata, já tinha lido tudo em casa". Acabou juntando um pouco de cálculo à base de história e foi para a economia: "Sou economista por acaso".

Carlinhos não foi direto para a Vila, optou por morar com um amigo do Beat. Só depois reencontrou a turma e teve festa para ele na casa de Teresópolis. Também reencontrou o alpinismo: "Estava em São Paulo há dois anos sem tocar numa pedra". Pegou carona com um pessoal que iria escalar o Dedo de Deus, "ali na curva da Santinha, que vai dar no Dedo de Deus, na Cabeça do Peixe e no Escalavrado", e subiu a pedra, de conga e sem equipamento. "Coisa de maluco, mas matei a saudade".

Jurou que ficaria quietinho na faculdade, para sentir como estava a "barra". Mas logo, logo bateu boca com um professor "porque ele disse que vivíamos numa democracia". Carlinhos conheceu o Neiva, o Antônio de Neiva Moreira Neto, da Ala Vermelha – uma dissidência criada em oposição às resoluções da 6ª Conferência do PCdoB, sobre o encaminhamento das formas de luta contra a ditadura. E assim voltou ao movimento estudantil. "A gente atuava no jornal *Opinião* e, depois, no Movimento, grande centro de organização política". Não tinha, porém, um contato orgânico com o partido, o que só voltaria a acontecer em 1978, quando terminou a faculdade.

Durante o exílio foi procurado em casa pelos agentes da repressão. O pai sabia, mas não dizia onde ele estava. Carlinhos soube das versões que circularam naquele período: uma dizia que estaria no Chile para defender Allende, amigo de seu pai, contra o golpe; outra falava que estava escondido no sítio do Valério. Hoje acha graça e faz questão de citar um reencontro que o emocionou bastante. Assim que soube de seu regresso, seu Bertino, um militar, brigadeiro da Aeronáutica, pai de Fernando e Gustavo, foi procurá-lo para dar as boas-vindas. Em tempos idos o brigadeiro levava diariamente, de carro, seus filhos e Carlinhos ao Pedro II da Marechal Floriano. E aos domingos o militar flamenguista carregava a turma, de maioria tricolor, para o Maracanã.

TENSÕES, EMOÇÕES E A MÚSICA

O reencontro dos velhos amigos, dispersos e clandestinos por conta da perseguição política, começou a dar frutos depois da festança de Aloisio na volta à Vila. Eventos surpreendentes deixavam claro como a repressão tolheu as emoções e o comportamento de cada um deles, um bando de revolucionários que tinham vindo de prisões, sofrido torturas e frustrações pelos ideais violentamente abortados.

Para Aloisio esses episódios representavam uma certa catarse, mas não só isso: "Representavam também a energia acumulada contra a opressão, que explodiu nesses atos". Glauco vê, ainda, um certo desbunde: "Pessoas que estavam perdidas, que fumavam maconha pela primeira vez, que foram para Arembepe, externando tudo aquilo que sentiam". Uma catarse de tensões reprimidas. Um desbunde de loucuras saudáveis.

Apertem os cintos – Início de 1974, uma sucessão de encontros e de acontecimentos. Estavam eles na casa do Paragua e, do nada, decidiram reproduzir os momentos que marcam a decolagem de um avião, nos mínimos detalhes. Cada um exercia uma função, representava um papel nessa história. Um fazia o ronco das turbinas; uma outra, a aeromoça e suas mensagens. Tinha aquele que era o piloto, com seus avisos rotineiros e, enfim, os controladores de voo, que emitiam as coordenadas e a autorização para que o avião pudesse decolar. Simulação perfeita, de tão louca... Estavam todos no ar.

Pedras e porres – Certa noite decidiram sair para uma diversão inexplicável, de tão idiota, na Praia da Barra da Tijuca: jogar pedras no mar. Na volta, pararam no bar da Rua Ipiranga. Encheram a cara Aloisio, Glauco, Paragua e Arnaldo. Uma saideira atrás da outra. Arnaldo "amarelou" e foi dormir. Os outros ficaram e decidiram, por causa do entusiasmado relato do Paragua, viajar para Salvador quando o carnaval chegasse.

Teatro mágico – Era boemia toda noite. Numa dessas bebedeiras, decidiram rumar para o sítio do Valério. Não se sabe a razão, mas lá, de repente, começaram a discutir animadamente a Inconfidência Mineira e daí partiram para a encenação do movimento. Tiradentes e a corte portuguesa. Aloisio de um lado, Paragua de outro e Bira, em cima de um travessão da casa, na função de repórter, narrando o que acontecia, como no teatro grego. A turma, acampada fora da casa do sítio, assumiu o papel do povo na encenação – na verdade, o povo não participou de nada na Inconfidência, mas estava lá, no sítio, perplexo com o que assistia. Aloisio puxou até aquela música do Gonzaguinha, que diz: "E a plateia ainda aplaude, ainda pede bis, a plateia só deseja ser feliz". Foi um espetáculo a versão mágica da Inconfidência Mineira, iluminada à luz de velas numa noite de céu estrelado no sítio do Valério. Ali também foram criadas músicas, como a marchinha que virou hit da moçada, de autoria de Aloisio e Bola: "Bicho, bicho, bicho, vê se larga do meu pé/ Bicho, bicho, bicho, te dou um pontapé/ Bicho danado, larga o meu calcanhar/ Vê se me esquece, para de me aporrinhar".

Invasão holandesa – Chegou o carnaval e, como combinado naquele porre no barzinho da Ipiranga, lá foram eles para Salvador. Um grupo no carro do Glauco, outro no do Paragua. Carlinhos, recém-chegado do exílio, hesitou. Mas ele e Bira resolveram ir à última hora. Como era previsto, não encontraram mais passagens para Salvador. Pegaram então um ônibus até Caratinga. Chegaram às três da manhã e tiveram a brilhante ideia de amanhecer num posto de gasolina. Ali, em troca de encher o tanque do carro, conseguiram carona até Salvador. Como acertado antes, esperaram a turma aparecer para almoçar no Mercado Modelo. Paragua e Glauco ainda estavam na estrada. No Fusca laranja do Paragua viajavam Angela, Beth e Bola. "De vez em quando eles paravam para dar uma fumadinha", lembra Angela. "Dormimos em Guandu, no sul da Bahia. Foi uma viagem divertida porque a Beth era muito engraçada". No Fusca do Glauco, conhecido como Porcão, estavam Aloisio, Arnaldo e Gustavo. Até uma fantasia foi improvisada: uma mortalha preta com uma bola branca no peito, referência ao Bola Preta, tradicional bloco do carnaval carioca. E assim, a caráter, desembarcaram na Praça Castro Alves. Certa noite, e diante do atraso na passagem dos trios elétricos, começaram a espalhar a notícia de que os holandeses estavam invadindo a Baía de Todos os Santos e já tinham tomado o Forte São Marcelo. E que o rei não estava fazendo nada para conter a invasão. De imediato começaram a puxar o coro: "Pau no cu do rei, pau no cu do rei". O povo aderiu ao coro e armou-se uma grande confusão. O curioso é que, no ano seguinte, boa parte da turma voltou ao carnaval baiano e surgiu em Salvador uma tendência estudantil chamada Inimigos do Rei. Era um grupo anarquista. Belela confirma a história. Diz que o marido dela à época participava dessa tendência. Aloisio acrescenta que, nesse mesmo período, já no Rio, eles conversavam em Santa Teresa quando repararam que estavam diante de um muro alto que protegia um casarão. Começaram a gritar que ali era o castelo do rei. "Vamos invadir, vamos invadir!". O castelo, João Quental esclareceria depois, era a residência do general Antônio Carlos Muricy, comandante do Destacamento Tiradentes, força militar que invadiu o Rio de Janeiro no golpe de 1964. Ele competiu com Médici a indicação, entre os generais, para a presidência em 1969 e, surpreendentemente, era reconhecido como um militar que não aprovava a tortura.

Samba no pé – O carnaval baiano deixou Glauco doidaço. Ele estava com Bola e Arnaldo num bar perto da Praça Castro Alves. Tinha tomado todas e não se aguentava em pé. "De repente apareceu um baiano, que era um armário", lembra Arnaldo: "Ele começou a tirar onda com Glauco, a essa altura emborcado sobre a mesa". Bola e Arnaldo tentaram intervir. O cidadão estava a fim de briga: "Dou porrada em vocês dois". Eles não duvidaram. Mas Bola, como bom malandro, saiu-se com essa: "Você pode ser bom de briga, a gente reconhece, mas de samba você não entende porra nenhuma. Somos do Rio, fazemos samba". Começou, então, a sambar, rebolar, sapatear e desafiou o sujeito: "E agora? Diz aí!!!". Para não perder a pose, o baiano topou o desafio e rebolou também. Não teve mais briga, apenas um duelo de samba no pé, que só Glauco não viu. Permaneceu desacordado sobre a mesa.

Coro indecoroso – A turma tinha um hábito polêmico. Bira não sabe se por falta de educação, comportamento obsceno, inconsequência juvenil ou contestação à ditadura. Sempre que eles chegavam a algum lugar ou entravam num ônibus, Aloisio puxava o coro: "Bunda, bunda, bate cu, bate culhão...", e por aí seguia. Angela ficava passada: "Eu precisava de uma estabilidade e o grupo me dava uma quebra de padrão. Eram muito pirados". Recém-saída da prisão, ela enfrentava um processo e uma série de dificuldades para voltar à faculdade. "E o grupo completamente desabotinado. Maluquice total. Não conseguia entrar naquela onda. Era mais uma observadora". Aloisio define: "Era a busca, de nós e do grupo como um todo, para subverter a repressão e extravasar".

Quarta-Feira de Cinzas. Estavam todos de volta ao Rio, menos a dupla Carlinhos e Bira, que tinha ido para Salvador de carona e não sabia como voltar. Arumaram passagens de ônibus só até Governador Valadares e de lá não conseguiam sair: o dinheiro acabara. Não tinham nem para comida. "Íamos de bar em bar pedindo algum trocado, alguma ajuda. 'Não somos assaltantes!', advertíamos". Foi um perrengue, mas acabaram arranjando o dinheiro que garantiu a volta ao Rio de Janeiro.

As festas mais enlouquecidas aconteciam na casa do Paragua, segundo Glauco. Eles dois, mais o Aloisio, também tentaram fazer música. "Mas era um caos", confessa Glauco. Chegaram ainda a fazer um curso de teatro com a participação de Alfredo Moreira, contemporâneo do Zaccaria sempre envolvido em manifestações artísticas.

Outra válvula de escape nossos combatentes descobriram nas aventuras que bem conheciam de um passado não muito distante. Retomaram as caminhadas, as escaladas, os acampamentos, fossem eles na montanha ou na praia. Voltaram a percorrer a travessia Petrópolis-Teresópolis, a conquistar o Pico das Agulhas Negras, toda a Serra do Mar, as areias da Praia do Forte. Sem descartar os muitos e divertidos reencontros no sítio dos Tibiriçá Miranda, em Teresópolis.

Ana Maria, que mal começara a namorar Aloisio, ficou um pouco assustada: "Eu era professora de sala de aula e, de repente, me via no meio desse bando de alucinados". Nas caminhadas e acampamentos que a turma ainda fazia, Fernanda se recorda que Ana Maria reclamava muito da bagunça e do namorado: "Aloisio isso, Aloisio aquilo... Era uma peça, muito séria e organizada".

O namoro, porém, seguia cada vez mais forte. E tinha privilégios na programação do Clube da Urca. Não só Aloisio e Ana, mas também Glauco e Miriam. Como boa anfitriã, Fernanda cedia um quarto do apartamento para quem quisesse descansar ou fazer outras coisas. Pois os dois casais disputavam a primazia de se instalar ali. Fernanda se diverte lembrando da disputa: "Quem chegasse mais cedo ou fosse mais rápido entrava no quarto, se trancava e ali passava a noite toda. Que mordomia, né? Era para não pagar motel. Ah, se aquele quarto falasse...".

Fernanda tem boas lembranças dos encontros semanais no Clube da Urca: "Eu ficava ansiosa para chegar sábado. Adorava! Nós nos gostávamos tanto". Estava casada com Nivalde, ex-militante do movimento estudantil e recém-formado em economia na UFRJ. O marido trazia novos personagens para os encontros, como Álvaro, também economista que, lembra ela, "na época era muito próximo e depois se afastou da gente por questões políticas, acho eu" e o Pondé, "um fotógrafo que registrou a festa do meu casamento. Ele sofria de uma deficiência auditiva e tinha um Gordini azul". Pondé ficava no Clube da Urca até tarde, depois ia para a casa de sua mãe, na Muda. "Ficávamos preocupados, mas o acolhemos sempre, demos muito colo pra ele".

Pondé já havia participado do show *Prata da casa*, programação cultural que Aloisio produzia na UFRJ. Subiu ao palco numa pequena cena de uma peça de Bertold Brecht. E foi o diretor de fotografia do filme *A onça e o bode*, do Bola, rodado em Samburá, na subsede do Clube Excursionista Carioca. No filme, gravado em Super-8, Moreira era o bode e

Bola, a onça. Quando o filme ficou pronto, houve uma feijoada no Parque Nacional, em Teresópolis. Como sobrou muita comida, decidiu-se por um segundo tempo na Vila, que aconteceu, conta Aloisio, logo depois de uma ida à Pedra da Gávea. "Foi um vernissage, uma pré-estreia do filme, com muita feijoada".

De certa maneira Pondé viria, tempos depois (1977), a salvar o registro histórico do casamento de Aloisio e Ana Maria. São dele as fotos que compõem o álbum do casório, porque Bira, o distraído fotógrafo "oficial", esqueceu-se de botar o filme na máquina.

Por sua vez, Glauco e Miriam se casaram nesse ano de 1974 e foram morar em Santa Teresa. "Era uma república muito interessante", diz Glauco, que na época se dedicava à música: "Gravava com uma porrada de sambistas. Discos, shows...". Nesse mundo da música conheceu um lugar chamado Cabelo Branco, em Madureira, onde os grandes sambistas da Portela e do Império Serrano se encontravam para jogar cartas, tomar umas cervejas e, de vez em quando, puxar um partido alto. "Todo mundo fazia um samba junto".

No ano seguinte João Quental também foi morar em Santa Teresa, logo depois do casamento com Isabel. E lembra do Glauco e de seu gato Pijama. "O Pijama foi enterrado no atual Parque das Ruínas, na época um campinho de futebol", conta Glauco. João lembra que, numa ocasião, foi com Glauco à casa de um sambista famoso que morava na Rua Oriente. O sambista era Mano Décio da Viola.

Antes disso, Mano Décio vivia com a família num beco em Madureira e tinha como vizinha a grande dama do samba, Dona Ivone Lara. Todo domingo uma negra gorda, fortona, chamada Conceição, preparava uma feijoada para a rapaziada do samba. Foi lá que Glauco e Mano Décio se conheceram, ficaram amigos e viveram encontros inesquecíveis. "Chegava na casa dele suado, porque fazia um calor do caralho. Mano Décio me dava uma toalha, me mandava tirar a camisa, eu me enxugava e ele ordenava: 'Agora vamos tocar violão'. E a gente tocava a tarde inteira". A afinidade entre eles levou Glauco a participar de um disco do sambista e, juntos, fizeram um programa na Rádio Jornal do Brasil. Nas pausas musicais, Mano Décio gostava de uma boa conversa. Contava histórias da época em que foi estivador no Porto, das greves daquele tempo e do movimento anarquista.

O compositor, um dos fundadores da escola de samba Império Serrano, já tinha uns 70 anos quando um dia apareceu de surpresa na casa do Glauco, em Santa Teresa, para pedir abrigo. "Tem um lugar para eu ficar aí?". Glauco disse que sim, mas perguntou: "O que aconteceu?". Mano Décio explicou que tivera um filho lá em Madureira e dera-lhe seu nome. "A mulherada da comunidade ficou puta com ele. E deu a maior merda". Depois do abrigo temporário, Mano Décio foi morar numa "cabeça de porco" na Rua Oriente. "Fui visitá-lo algumas vezes". Uma dessas, com o João Quental.

Glauco viveu da música nesse período. Tinha formação, "mas, na prática, o jogo era gravar e fazer lançamento". Conheceu muita gente. "O pessoal do Azymuth, por exemplo. Só tinha fera". Tocou com a velha guarda, músicos como Dino, Meira, Manoel do Cavaco e o lendário Zé Menezes. Tocou também com a jovem guarda – fez shows com Jorginho do Império, filho de Mano Décio. Lembra do Robertinho dos Anjos, "que chamava a gente para tocar na favela". Quanto ao Barra, velho parceiro, não soube mais dele. Acha que voltou a morar em Barra do Piraí.

João tem saudades dos almoços no Bar do Arnaldo e das corridas que faziam juntos, nas Paineiras. Já Glauco tem saudades de todo o bairro, um lugar, segundo ele, acolhedor, de múltiplas histórias envolvendo intelectuais, artistas de cinema, teatro e TV e de muita interação entre os moradores e a malandragem. "Certa vez um cara entrou no bar com uma arma na mão. Aflito, vinha de um assalto que não dera certo. O cara entrou, foi até o fundo do bar, passou por mim e disse: 'Cara, me desculpe, me desculpe, entrei numa correria braba'. Era outro mundo", conta Glauco.

Santa Teresa tem lugar na história do Rio de Janeiro pelo estímulo a movimentos artísticos, culturais e políticos. Viveria, por exemplo, os momentos iniciais da fundação do PT, o Partido dos Trabalhadores, no Rio de Janeiro. Reuniões em praça pública, feirinhas, a escola ideal... Todas as discussões tendo o bairro como cenário. "Em termos de concepção do partido e das organizações de base, era completamente diferente", aponta Glauco. E acrescenta: "Aprendizados que a esquerda jogou por água abaixo".

E o Porcão? Arnaldo se refere ao Fusca do Glauco, que tinha o dom raro de saber o caminho de volta para casa. Um dia Arnaldo pegou o Porcão emprestado. Saiu para a esbórnia, tomou todas. Não se recorda como voltou para a casa do Glauco. Ao chegar para entregar as chaves do carro, encontrou Pijama deitado na porta: "Tomei o maior susto. Parecia um tigre... O Pijama tinha aquelas pintas e me lançou um olhar aterrorizante. Foi assustador".

Glauco confirma a história. O Porcão voltava sozinho para casa. Uma noite, já na fase de separação da Miriam, saiu para dançar na Elite, gafieira do Centro da cidade. Ele e o Indaleto. O que aconteceu? Para variar, beberam um bocado. E combinaram alguma coisa, "que não me lembro até hoje o que era... Acordei em casa no dia seguinte, com o Porcão parado na porta. E nunca mais vi o Indaleto".

PROPOSTAS DE VIDA E TRABALHO

Nesse mesmo período, surgiram em Santa Teresa duas iniciativas comunitárias, inspiradas nos princípios comunistas: a Oficina, empresa formada pelo pessoal da Ence, e a Colina, prédio que foi, sem combinação alguma, moradia para boa parte da turma. "Grupos múltiplos do nosso povo se revezavam na Colina", diz Arnaldo. A Colina foi um condomínio marcado por muitos encontros, desencontros e reencontros da turma, lembra Glauco: "Alguns saindo de casamentos, outros entrando." As pessoas se ajudavam, formavam uma comunidade.

A lista é longa. Em um dos apartamentos moravam Bia, ex-mulher do Paragua, a irmã Célia, ex-mulher do Léo, e Regina. Os vizinhos da frente eram Bira, Iracema e os pais, seu Gastão e dona Senhorinha. Bira namorava a Inês, que morava na vila do condomínio com a Chiquinha, então separada do Juca. Chiquinha explica: "Você chegava lá descendo pelo Largo do França ou subindo pela Itaipu. E o nome Colina foi dado pela turma porque o prédio ficava no alto, ao fim da Rua Eliseu Resende".

Inês e Chiquinha passaram a ocupar o apartamento de Bola e da Beth, assim que eles se separaram. Bola era o cara mais bem-humorado do grupo; Beth, uma militante envolvida no movimento dos vestibulandos. Foi também na Colina que Arnaldo conheceu Regina. Casaram e lá moraram até 1976. Ainda tinha o Dica, que era da Ence, e sua mulher, além do Duti e do Cardoso, este último um jornalista que trabalhava na Manchete e que acabou se casando com a Bia. O prédio vivia em festa, eram concorridos os almoços que o Cardoso promovia. Ele gostava de cozinhar.

Chiquinha morre de rir ao recordar que, certa vez, Cardoso decidiu fazer um quibe. Como precisava de hortelã e ninguém tinha, pediu que a empregada da Beth descesse para comprar a plantinha aromática. Horas depois ela apareceu não com a hortelã, mas com um drops de hortelã. Mesmo assim, teve quibe no almoço da Colina.

Mas havia também uma figura indesejável para os rapazes do prédio: o Pererê, que assim como Cafuringa, tinha sido adotado pela Bia. Pererê era um gato de rua, vagabundo; já o Cafuringa tinha pedigree. A primeira coisa que o Pererê fez, ao se instalar no apartamento, foi enrabar o Cafuringa. Arnaldo se irritava: "Um dia, ele urinou na minha camisa, que eu tinha deixado estendida na cadeira. Havia um ódio mútuo entre nós e o Pererê".

Mais uma do Pererê, que vivia fazendo cocô nas portas dos apartamentos. Estavam no alto do prédio Arnaldo, Bola e Heitor – farmacêutico que não morava lá, mas se juntara ao grupo depois da fase das prisões. E lá do alto viram o Pererê tomando sol na portaria, "esticadão...". Partiram para a molecagem. Despejaram um balde de água em cima do Pererê. Foi aí que ele, Arnaldo, entendeu o sentido da expressão "o pulo do gato": antes mesmo que a água o atingisse, Pererê deu um salto e desapareceu. Sequinho. "Era o gato mais odiado do condomínio".

Outro exemplo da característica comunitária presente no movimento popular de resistência, que existia na época da ditadura: um tipo de trabalho cooperativo, calcado em princípios anarcossocialistas e pensado durante um ato de protesto em 1972. A ideia partiu de três rapazes egressos da Ence e do movimento estudantil, que trabalhavam no IBS, o Instituto Brasileiro de Siderurgia. Primeiro, o Dica deixou o emprego, "por questões salariais"; depois Quelé e Geraldo, "por discordar dos dados utilizados pela autarquia". Tinham, em média, 20 anos de idade e criaram a Oficina, uma alternativa de trabalho compatível com a ideologia que defendiam.

A Oficina, nome fantasia da Távola Indústria e Comércio de Objetos Decorativos Ltda, começou produzindo artefatos em acrílico, material que estava na moda à época – saleiros, saboneteiras, porta-guardanapos, todo tipo de objeto de utilidade doméstica. "A gente não pretendia ser artesão alternativo. Queríamos produzir peças com um design moderno, com produção em série", explica Quelé.

Detalhe: eles não tinham as máquinas necessárias à produção. Dica tratou de resolver o problema. Conseguiu que a irmã comprasse o equipamento em 24 suaves prestações e alugaram uma casa na Rua Gomes Freire. Com máquinas e espaço, começaram a produzir coisas pequenas, "enquanto nos estruturávamos, tendo como objetivo partir para um esquema industrial", ressalta Dica. Geraldo cuidava da administração e das máquinas, Dica era o artista do traço, tinha facilidade para desenhar, e Quelé o alimentava com as ideias que trazia das ruas como representante comercial da Oficina. "Era uma parceria de letra e música", brinca ele.

O mercado se abriu, fecharam negócios com lojas da Zona Sul – como Bom Desenho, Toque, Em Uso – e a Oficina foi crescendo. Mudou de endereço três ou quatro vezes, sempre para instalações mais amplas e confortáveis. Ampliou a clientela com seu design próprio, trabalhos sob demanda e venda direta. Evoluiu na produção e passou a utilizar, além do acrílico, madeira e outros materiais em suas peças. E reforçou o time com três rapazes também egressos da Ence: Bola, montanhista ligado às aventuras da turma da Vila; Sancler, de família fazendeira da Bahia; e Posidônio, que aprendera marcenaria no antigo SAM (Serviço de Assistência a Menores) e estudava música no Instituto Villa Lobos. Além deles, chegou também Cléber, de Padre Miguel, amigo de Posidônio. Todos entraram no empreendimento não como assalariados, mas como iguais.

O mais interessante era, justamente, o modelo de gestão da Oficina. "Uma comuna", segundo Glauco. "Um experimento do ponto de vista socialista", dizia Quelé. "Todo dinheiro que sobrava da receita era dividido pelo grupo, de acordo com as necessidades de cada um", explica Dica. Quem morava de aluguel e tinha filho, como Quelé, por exemplo, não precisava se preocupar com isso: a Oficina pagava e ainda dava uma compra semanal no mercado. Quem fazia um curso, como Posidônio, que queria ser maestro, e como Bola, que pretendia ser cinegrafista, a Oficina pagava também. Quem precisasse de um tratamento médico e dentário, a mesma coisa. Era só falar com o Geraldo, que ficava com o dinheiro no bolso do paletó. E quem quisesse morar na empresa, também podia. Não havia relógio de ponto nem carga horária obrigatória, bastava entregar o combinado.

Nem todos, porém, se ajustaram à proposta de relação trabalhista que a Oficina oferecia. Posidônio, Cléber e Bola tinham outros planos, outros objetivos, e quase nenhum comprometimento ou envolvimento com o projeto. Posidônio só pensava na música e na namorada, era caprichoso, mas lento na produção das peças. Cléber, por seu lado, aproveitava o conceito do projeto e não tinha qualquer preocupação com o horário de trabalho: passava o dia na praia, voltava no fim da tarde e aí tratava de trabalhar até a madrugada para entregar o que estava combinado. E Bola deixava claro que estava ali de passagem, queria mesmo era investir na fotografia e ser cinegrafista, profissão que acabaria abraçando.

Essa falta de compromisso irritava Geraldo. Ele percebia que os três não tinham engajamento. Dica diz que o parceiro era muito contundente nas críticas, "uma pessoa de princípios", que só salvava a pele do Sancler, "o mais dedicado e afinado com a proposta da Oficina". Sancler também teve um papel importante ao ceder, com outros amigos da Ence, o espaço para a empresa logo em seu início, na Rua Miguel Resende, em Santa Teresa. Apesar dos problemas pontuais, a Oficina deu tão certo que recebeu duas propostas de compra, ambas rejeitadas pelo trio fundador.

Até que, em 1978, a empresa se mudou para Friburgo, uma ideia de Quelé para que todos pudessem ter um "teto seu para morar". Numa cidade pequena as condições, segundo ele, eram mais favoráveis. Fizeram uma reunião democrática com todo mundo. Sancler preferiu ir para o interior da Bahia, onde o pai tinha uma fazenda; Bola quis ficar no Rio "porque a cidade tinha muita coisa a lhe oferecer"; Posidônio alegou que só poderia ir se a Oficina lhe desse um Fusca, "para não perder as aulas no Rio"; e Cléber também rejeitou a ideia.

Apenas os três, Dica, Quelé e Geraldo, se instalaram em Friburgo. Dois anos depois, em 1980, o pai do Dica adoeceu e deixou obras por terminar no Rio. O filho o socorreu. Largou a Oficina, levando a Kombi da empresa e a tristeza que Dica expressa até hoje: "Foi uma decisão muito difícil, quebrou-se um terço da nossa unidade". Logo depois, o lado mais trágico dessa história. Em tratamento psiquiátrico no Rio, a mulher de Geraldo se suicidou e em seguida ele morreu, vítima de câncer de intestino. A Quelé, que também perdera a mulher, restou fechar a Oficina, "uma proposta exemplar que não surgiu do nada, surgiu de uma proposta política, ideológica".

O cenário nacional começava a mudar. Mas nem tanto...

A censura prévia aos meios de comunicação é suspensa parcialmente. O governo tira do ar a novela Roque Santeiro, da TV Globo. A indústria começa a discordar da política econômica; é o fim do propalado "milagre econômico". Sindicatos protestam contra o arrocho salarial e a alta do custo de vida. Os militares se dividem: uma corrente prega a manutenção da linha dura, outra acha que a imagem das Forças Armadas está sendo destruída por causa do envolvimento com a política e o desrespeito aos direitos humanos. Morre sob tortura, nos porões do DOI-Codi de São Paulo, o jornalista Vladimir Herzog. A repressão vende a versão mentirosa de suicídio. Um culto ecumênico é realizado na Catedral da Sé reunindo milhares de pessoas.

Que distensão era aquela que continuava prendendo, arrebentando e matando?

Zilda no exílio em Roma, 1973

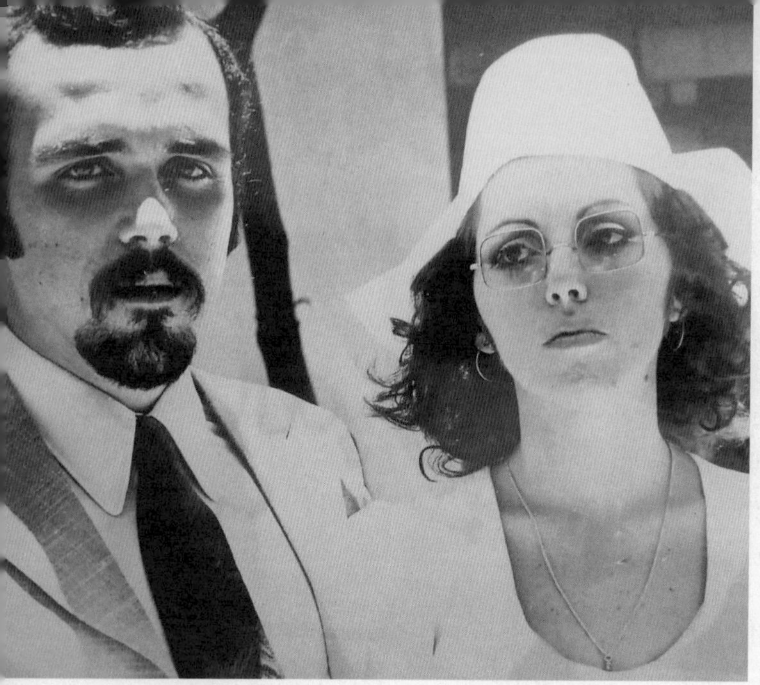

Glauco e a irmã Fernanda no casamento dela com Nivalde, em 1972, após a soltura de Glauco

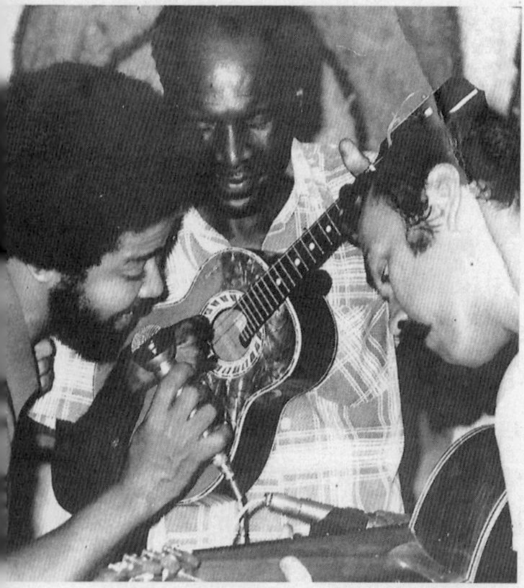

À esquerda, Glauco toca com Eurico do Cavaco em show de Jorginho do Império. À direita, reencontro em Teresópolis, 1974: na primeira fila, Miriam e Glauco, Chiquinha, Ana Maria e Aloisio; na segunda fila, Carlinhos, Tula (filha de Rita e Márcio), Bira, Henrique e Maria Augusta; ao fundo, Rita e Márcio

Sítio do Valério, em Teresópolis, um dos refúgios da turma da Vila. À direita, Aloisio e Arnaldo celebrando o reencontro

Abaixo, o Cordão do Bola Branca no carnaval da Bahia: Gustavo e Carlinhos (agachados, à esquerda), Aloisio e Ana Maria (em pé, à direita)

Acampamento em Salinas, Nova Friburgo: ao lado, Ceres; abaixo, Amauri, Carlinhos, Calcara e Nilton Caparelli

Travessia Petrópolis-Teresópolis: entre os companheiros, Arnaldo (terceiro em pé) e, ao lado dele, João Quental, Glauco e Gustavo

Osiris, Heitor (companheiro de movimento estudantil) e Bira na travessia Petrópolis-Teresópolis

Glauco e Angela (à direita) em acampamento nas Agulhas Negras, Itatiaia

Arnaldo e Glauco em Mangaratiba, 1976

Paragua e Aloisio num samba de improviso

Celso Macunaíma e Juca, ambos da Ence, na Serra dos Órgãos

6.
DISPERSÃO

Os militares falavam em distensão, mas os porões da ditadura continuavam abarrotados de gente e mortes. Herzog foi assassinado em outubro de 1975, no DOI-Codi de São Paulo. O operário Manoel Fiel Filho, logo depois (janeiro de 1976), no DOI-Codi do Rio. Tanto no caso de Herzog como no de Fiel Filho, o governo mais uma vez deu uma versão mentirosa, a de que eles tiraram a própria vida.

O ano de 1975 trouxe Maria Valéria Sarmento da Paz, a Belela, de volta. Ela chegou ao Brasil e, primeiro, deu uma parada no Rio de Janeiro, para fazer o supletivo e reencontrar os amigos da Vila. Estava há seis anos longe deles. Não acompanhou os casamentos, as separações, as prisões e as aventuras da turma. Para comemorar o reencontro, ofereceu um jantar para a rapaziada. Fez um *porc au lait*, por sinal, muito apreciado.

No ano seguinte Belela foi para São Paulo e prestou vestibular para matemática, na USP. Passou e não quis mais sair da cidade, salvo em raras exceções – curtiu seis meses em Buenos Aires e outros seis em Belo Horizonte, onde nasceu sua filha caçula. Correspondia-se com o irmão Carlos Eugênio, que continuava na França. Como trotskista, Belela participou da luta contra a ditadura. Foi diretora do DCE da USP e militou nos movimentos estudantil e sindical. "São Paulo foi um acerto pra mim", diz.

De vez em quando, Belela vinha ao Rio para ver a mãe e pegava uma praia com Leilinha, irmã de Arnaldo, com quem sempre teve um vínculo forte. Eram amigas na Vila e tinham sido colegas de turma no Colégio Amaro Cavalcanti. Mas um dia Belela ficou muito triste, quando Leilinha disse que tinha entrado para a Igreja Universal do Reino de Deus. "Falei até com o Naldinho. A partir daí, fiquei com medo de procurá-la. E perguntei pra ele, anos depois: será que ela também é bolsonarista?".

O ano de 1976 marcou o encerramento dos prazerosos encontros no Clube da Urca. Logo depois de se separar do Nivalde, Fernanda foi para Londres, com uma bolsa de mestrado em literatura, e entregou o apartamento. Um parênteses: Fernanda sempre foi aluna exemplar, desde os tempos do primário. Casou-se de novo e só voltou ao Brasil no fim da década.

Nos quarteis, os militares adoradores da violência e do arbítrio já não tinham tanta força.

Como consequência da sucessão de atos arbitrários e violentos e das mortes de Herzog e Fiel Filho, a linha dura do regime sofre a primeira baixa: o general Ednardo D'Ávila Mello, comandante do II Exército, é demitido em 19 de janeiro de 1976. Em agosto, também no dia 19, dois atentados atingem a ABI e a OAB, sem maiores consequências: uma bomba explode no sétimo andar da Associação Brasileira de Imprensa, destruindo dois banheiros próximos ao gabinete da presidência; e uma outra é achada na caixa de força do prédio da Ordem dos Advogados do Brasil. Em setembro, o bispo dom Adriano Hipólito é sequestrado, espancado e abandonado, despido e com o corpo pintado de vermelho, num matagal em Jacarepaguá.

Mais uma prova da "distensão": na manhã de uma quinta-feira, 16 de dezembro de 1976, na Lapa, em São Paulo, aconteceu um dos mais sangrentos crimes políticos da ditadura militar. A repressão, que já tinha acabado com a VPR e a ALN, passou a dedicar-se à extinção do PCdoB. Naquela manhã, agentes do DOI-Codi e do Dops invadiram a casa nº 767 da Rua Pio XI e assassinaram, a tiros de metralhadora, dois dirigentes do partido, Pedro Pomar e Ângelo Arroyo. Um terceiro, João Batista Drummond, preso horas antes, foi torturado até a morte na sede do DOI-Codi. Outros integrantes da direção do PCdoB – Aldo Arantes, Elza Monnerat, Haroldo Lima, Joaquim Celso de Lima, Maria Trindade e Wladimir Pomar –, que tinham deixado a casa durante a madrugada, foram seguidos, presos e torturados.

A versão oficial da chacina da Lapa foi mais uma farsa. O governo anunciou que Pomar e Arroyo resistiram à prisão e foram atingidos numa troca de tiros. Já Drummond, segundo eles, morrera atropelado quando fugia pela Avenida 9 de Julho. O famigerado delegado Fleury e o tenente-coronel Rufino Neves comandaram aquela que foi uma das últimas ações de extermínio da repressão. João Amazonas era um dos alvos, mas estava na Albânia e não participou da fatídica reunião do comitê central, convocada para debater a Guerrilha do Araguaia.

No dia 12 de outubro de 1977, a linha dura do regime sofreu outra baixa e certamente a maior delas. O chefe do Estado Maior do governo

Geisel, general Sylvio Frota, foi destituído do cargo. Frota era conhecido pelo sadismo, tinha prazer doentio em presenciar torturas. Entrou em rota de colisão com Ernesto Geisel ao tentar interferir na sucessão do presidente. Frota era contra Figueiredo, o processo de abertura e o "perigo comunista".

O jornalista Elio Gaspari conta, em *A ditadura encurralada*, que um documento circulou no Planalto alertando para "o risco de se romper a unidade da revolução". O texto afirmava que "o general Frota se identificava cada vez mais com as aspirações da tropa" e o então chefe do SNI (Figueiredo), "com uma abertura impossível". Pregava a necessidade de um endurecimento. Gaspari descreve que um outro documento, assinado pelo comandante do III Exército, general Fernando Bethlem, também denunciava, no mesmo período, a "existência de uma conspiração de banidos, intelectuais, jornalistas, padres e empresários que pediam a volta ao Estado de Direito e a redemocratização do país".

Geisel manteve a opção por Figueiredo e a Frota restou apenas a divulgação de um patético manifesto contra a "complacência criminosa com a infiltração comunista e a propaganda esquerdista". Segundo Gaspari, Frota estava seguro de que Ernesto Geisel era um esquerdista e que seu governo levaria o Brasil para o socialismo.

Amauri pergunta se o processo a que Glauco respondia era o mesmo do Zé Roberto, porque ele tem uma história curiosa, ocorrida naquele 12 de outubro, data da demissão do general Sylvio Frota: "O juiz enrolou e não deu sentença, esperando a reação da turma do Frota. Como ela não reagiu, na audiência seguinte absolveu todo mundo". Glauco diz que aquele processo poderia lhe render cinco anos de prisão, mesmo com todas as provas de sequestros, torturas e mortes. "Mas, pros caras, resolver aquilo, mesmo na Justiça Militar, era um processo pesado, mais de 20 indiciados".

Em 1978, recém-formado economista, Carlinhos atuava no jornal *Movimento* e ouvia as transmissões das emissoras de rádio de Moscou, Pequim e Tirana. No processo eleitoral daquele ano, retomou contato com o partido e coordenou a campanha vitoriosa de Modesto da Silveira, do MDB, à Câmara Federal. Modesto foi o candidato da esquerda mais votado no Rio de Janeiro, nas eleições para deputado federal.

Carlinhos faz questão de elogiar Modesto como homem e como advogado: "Não pedia dinheiro para ninguém". Defendia presos políticos, qualquer que fosse a organização. Criou, assim, uma frente de familiares que reunia todas as tendências. Dava assistência jurídica voluntária à ABI e chegou a ser sequestrado pelo DOI-Codi com os também advogados Sobral Pinto, Heleno Fragoso e Evaristo de Moraes.

Geisel passou a faixa, em 15 de março de 1979, para o general João Batista de Figueiredo, ex-chefe do SNI, famoso pelos arroubos autoritários e por confessar que gostava mais do cheiro dos cavalos do que do cheiro do povo. E no processo da distensão veio a anistia, que ainda não era ampla, geral nem irrestrita, entre outros pontos por impedir a punição dos agentes do Estado que violaram os direitos humanos e cometeram barbaridades nos porões da ditadura, e por negar o perdão aos civis já condenados – esses não poderiam sair da cadeia; eram qualificados como terroristas. Mesmo assim, não deixava de ser um avanço. O governo começava a abrir as prisões e a permitir a volta dos exilados.

Nas semanas seguintes, figuras até então perseguidas começaram a retornar ao Brasil, entre elas Leonel Brizola, Miguel Arraes, Luís Carlos Prestes, Francisco Julião, Fernando Gabeira, Carlos Minc, Vladimir Palmeira e Paulo Freire. Na estratégia do governo, muitos exilados criariam seus próprios partidos, o que poderia enfraquecer a oposição. Por isso, ainda em 1979, extinguiu a Arena e o MDB e restabeleceu a liberdade partidária.

Glauco analisa essa decisão como um golpe na esquerda: "Nosso grupo ainda tinha, direta ou indiretamente, uma ligação com o PCdoB, mas a vida para mim não era mais isso. Não significa que eu estivesse desatento à destruição de todo um movimento de resistência, que veio com a distensão e com a reforma partidária plantada pelo Golbery. A gente perdeu muito. Deixou de refletir sobre os movimentos que estavam acontecendo de fato no Brasil, tanto sociais como político-partidários".

Iara estava com a mãe na Itália quando, em abril, transitou em julgado o último processo contra ela no Brasil, mas não confiava num regresso seguro. Sondado, o então ministro da Justiça Armando Falcão deu garantia. Ainda assim ela não acreditou. "Meu sogro, então, falou: 'Vai, leva o menino, você pode ir'. Aí eu fui".

Iara desembarcou por aqui em maio de 1979. Botava um ponto final na saga de exilada e iniciava uma outra saga, a de parente de mortos e desaparecidos políticos do regime militar. Ao chegar, ainda no aeroporto, prometeu: "A primeira coisa que vou fazer é procurar saber onde estão os meus irmãos Alex e Iuri". Sim, localizar os corpos, mas também saber a verdade sobre os assassinatos e exigir justiça, responsabilização criminal dos torturadores.

A primeira pista foi dada pela tia Irene. Depois de uma longa peregrinação por cemitérios de São Paulo, ela descobriu que alguns homens, ao remover a terra de um descampado no fundo da administração do cemitério Dom Bosco, em Perus, Zona Oeste da cidade, tinham encontrado um outro cemitério, clandestino. Localizaram vários sacos plásticos cheios de ossos humanos. Os restos mortais de Iuri só seriam identificados em 1996, através de exames de DNA. Os de Alex,18 anos depois, ainda assim graças à campanha que Iara empreendeu pela busca da verdade.

A RESPOSTA DA "TIGRADA"

A anistia parcial não satisfazia os anseios por liberdade, mas também não agradava aos setores extremistas da sociedade nem à ala radical dos militares, ainda revoltada com o afastamento do general e ministro linha-dura Sylvio Frota, o sádico. Começou, então, uma sequência de atentados conhecida como "a resistência da tigrada", lembra Carlinhos, com queima de bancas de jornais que vendiam os alternativos *Pasquim*, *Movimento*, *Opinião* e *Hora do Povo*.

Um ano depois, radicais contrários ao processo de abertura ampliaram os ataques. No dia 27 de agosto de 1980 desencadearam a Operação Cristal, que recorreu ao uso de cartas-bomba para espalhar o terror. Uma delas, encaminhada ao gabinete do vereador Antônio Carlos de Carvalho, o Tonico, do MR-8, na Câmara Municipal, deixou seis feridos. Uma outra, endereçada ao Conselho Federal da OAB e destinada a seu presidente, Eduardo Seabra Fagundes, matou a secretária Lyda Monteiro da Silva. O único indiciado no inquérito, Ronald James Walters, foi absolvido pela auditoria militar "por falta de provas". O *Tribuna da Luta Operária*, jornal legal do PCdoB, na época coordenado pelo Carlinhos, também foi alvo dos ataques no mesmo dia: uma bomba explodiu durante a madrugada e destruiu parte da redação.

Iara, mergulhada na campanha para localizar a ossada do irmão Alex, encontrou um parceiro para a vida. Conhecera Gilney Amorim Viana em 1969, na clandestinidade, antes de ir para Cuba. Professor, médico e escritor, participou da resistência ao lado de Marighella; foi preso em março de 1970 e libertado em dezembro de 1979, já engajado na fundação e construção do PT, pelo qual foi eleito deputado federal em 1994, por Mato Grosso.

Dez anos depois daquele primeiro contato e já de volta ao Brasil, Iara reencontrou Gilney em visita ao Presídio Político do Rio de Janeiro, na Rua Frei Caneca, durante visita aos presos em greve de fome por uma anistia ampla, geral e irrestrita; estabeleceram uma relação de companheirismo, luta e utopias. Resultado: vivem juntos há 42 anos, "sempre militando com independência".

O grupo desfia um rosário de casamentos e separações que aconteceram no período. O Duti deixou a Suzana, Fernando e Alicinha tinham se casado muito jovens e logo se separaram. O Antônio, do partido, foi marido da Iracema, que a seguir se casou com o Paulinho. Léo, que se tornou marido de Célia – irmã da Bia, ex-mulher do Paragua, casada com o Cardoso –, era amigo da Rosana, ex-esposa do Glauco, que acabara de se separar da Miriam. Para não deixar o irmão sozinho, Fernanda foi morar com ele, logo depois de retornar de Londres, enquanto procurava um apartamento para alugar em Botafogo: "Glauco ia trabalhar e eu ficava em casa fumando e fazendo comida".

Já Amauri estava envolvido em outra campanha: "Em 1980, participamos da luta para impedir que o governo militar levasse adiante os contratos de risco para exploração de madeira na Amazônia". Hoje, denuncia-se o quanto da Amazônia já foi devastado. "Imagina o que haveria de floresta hoje se os contratos de risco houvessem prosperado?".

Na França, Carlos Eugênio completou o curso de harmonia e composição e recebeu a notícia, em maio de 1981, de que o pai estava à morte, acometido de um câncer terminal na medula. Decidiu viajar. Acabara de ser anistiado pela 2ª Auditoria Militar de São Paulo, mas ficou sabendo que o Exército expedira uma ordem de prisão para ele, por deserção do serviço militar em 1969. O consulado brasileiro chegou a lhe conceder um passaporte comum para que voltasse ao Brasil, mas com a ressalva: "Para abandonar o território nacional com o presente passaporte, o titular deverá fazer prova de estar em dia com o serviço militar". Não tinha como e, ao mesmo tempo, Carlos Eugênio não queria cumprir quatro anos de prisão por conta da deserção. Voltou então à clandestinidade. Veio ao Brasil confortar o pai, que morreria um mês depois, e retornou a Paris.

Começava, então, uma batalha judicial, já que a Lei da Anistia contemplava a figura do crime conexo, que se caracterizava como ligado ao crime político. Carlos Eugênio argumentava, através de seus advogados: "Minha irmã havia sido presa e torturada, nossa casa era vigiada constantemente e por vezes foi invadida, minha mãe chamada frequentemente ao Ministério da Guerra, Marighella tinha sido assassinado, ocorreram prisões em massa... Frente a esta situação, julguei que minha prisão seria iminente e abandonei o serviço militar". O Exército até admitia a anistia, mas não queria deixar de prender Carlos Eugênio.

No Rio, quase se viveu uma noite de terror em 30 de abril de 1981, quando um plano criminoso poderia ter provocado um número incalculável de vítimas. A cantora Elba Ramalho estava no palco do Riocentro, em Jacarepaguá. Mais de 20 mil pessoas acompanhavam o show comemorativo ao Dia do Trabalho. No estacionamento, dentro de um Puma, dois militares, agentes do DOI-Codi, se aprontavam para detonar duas bombas. A explosão acidental de uma delas, ainda no carro, matou o sargento Guilherme do Rosário, feriu gravemente o capitão Wilson Machado e frustrou o atentado terrorista que tinha sido cuidadosamente preparado. Gonzaguinha deu a notícia à plateia: "Durante o espetáculo explodiram, eu disse explodiram, duas bombas. Essas duas bombas representam exatamente uma luta para destruir aquilo que nós todos queremos, uma democracia, a liberdade".

A segunda bomba, colocada numa caixa de energia, não chegou a explodir. O objetivo era criar pânico e responsabilizar um grupo de esquerda pelo atentado. Chegaram a pichar mensagens da VPR, que nem existia mais, nos muros e nas placas de trânsito. Os militares foram apresentados como vítimas de uma bomba colocada no carro, "provavelmente por subversivos". O governo da "abertura" decidiu acobertar, por meio de um inquérito fraudulento, a Missão 115 - Operação Centro, assim batizado internamente o atentado.

O atentado gerou uma crise no governo do general Figueiredo. Anos depois o caso foi reaberto responsabilizando o ex-chefe do SNI, general Newton Cruz, e o ex-chefe do SNI no Rio, coronel Freddie Perdigão, apontado como mentor do crime. O Superior Tribunal Militar, entretanto, considerou que o caso estava coberto pela Lei de Anistia e o encerrou.

A saga de Carlos Eugênio pela anistia definitiva prosseguia. Em 1982, após uma infrutífera peregrinação por instituições militares em busca do certificado, os advogados apresentaram um requerimento à 1ª Circunscrição do Serviço Militar do Rio de Janeiro. A resposta veio curta e grossa: apesar de anistiado, estava mantida a ordem de sua busca e captura por crime militar. A defesa tentou então um pedido de habeas corpus no Superior Tribunal Militar, negado por unanimidade em 12 de fevereiro daquele ano.

Como último recurso, Carlos Eugênio apelou ao Supremo Tribunal Federal: alegou que a decisão do STM "refletia um endurecimento do quadro político brasileiro e significava uma anulação branca da anistia, um perigoso precedente para todos os beneficiados pela lei". Em fins de março, pediu asilo e se instalou na embaixada da França em Brasília para não ser preso por deserção do serviço militar, como queria o Exército.

A batalha, além de jurídica, passava a ser diplomática. O ministro das Relações Exteriores da França orientou os diplomatas a dizerem, no Brasil, que Carlos Eugênio estava na embaixada como hóspede e não como exilado, um refugiado em busca de proteção. O Itamaraty, por sua vez, propôs um acordo: o ex-militante da ALN deveria desistir da nacionalidade brasileira, receber um passaporte francês e deixar o país. As autoridades francesas aceitaram o acordo, Carlos Eugênio não.

Até que no dia 6 de maio, após o Supremo acatar o recurso, conceder o *habeas corpus* e fazer valer a Lei da Anistia, Carlos Eugênio deixou a embaixada. Foi um dos últimos brasileiros a serem anistiados oficialmente. Passou a trabalhar como professor de música em escolas e criou seu próprio curso no bairro de Ipanema. Conseguiu também sua reintegração às Forças Armadas no posto de terceiro-sargento da reserva.

MUDANÇAS, DESABAFOS, REFLEXÕES

Nosso exército baixou a guarda. Não por desânimo ou descrença. Simplesmente porque os encontros passaram a ser mais esparsos e a vida seguiu seu curso, levando cada um dos combatentes do Incrível Exército de Brancaleone a olhar pelos filhos, cuidar da família, da profissão, tomar diferentes destinos e refletir sobre as cicatrizes deixadas por todos aqueles anos de chumbo.

Glauco – *"Com a questão das prisões, aconteceu uma reorganização da esquerda e do partido, como o João colocou. E se por um lado aconteceu um reencontro, por outro aconteceu também um distanciamento, pelos caminhos que cada um tomou a partir dali".*

Aloisio – *"A história andou. Já não éramos mais os atores principais. A repressão ainda ficou em cima da gente por um bom tempo, cada um levou suas carências e seguiu seu caminho. Não encontro mais com quase ninguém da medicina daquela época. A Lúcia Souto continua na ativa e o Osmar Terra, ex-prefeito de Santa Rosa e ex-superintendente do Inamps* (Instituto Nacional de Assistência Médica da Previdência Social) *no Rio Grande do Sul, deu no que deu".*

Nesse ano de 1982, atendendo a uma convocação do partido, Carlinhos lançou-se candidato a uma cadeira na Assembleia Legislativa do Rio de Janeiro. "Não fiz uma campanha para ganhar, mas para reorganizar o partido". As conversações começaram logo depois das eleições de 1978. Delzir, um quadro do partido, torturadíssimo pela repressão – chegaram a emitir um atestado de óbito para ele, mas Modesto da Silveira o salvou –, e Rogério Lustosa, ambos do comitê central, o convenceram a participar do processo eleitoral.

Carlinhos concorreu pelo PMDB (Partido do Movimento Democrático Brasileiro) porque os partidos de esquerda, como o PCdoB, ainda estavam na clandestinidade – mesmo caso de 1947, quando dois comunistas, Diógenes de Arruda Câmara e Pedro Pomar, se elegeram pelo PSP porque o PCdoB estava alijado da vida política.

Foi uma eleição para tudo quanto era cargo – governador, senador, deputado federal, deputado estadual e até para vereador; só não houve para presidente. E o voto era vinculado. "Eleição muito maluca porque quem votava no Brizola para governador, por exemplo, não podia votar em mim". Maluca e delicada. Carlinhos lembra das ameaças de bomba que seu comitê recebia diariamente, nos oito meses de campanha. Não se elegeu e quase perdeu também o emprego na Fundação Getulio Vargas, não fosse o chefe compreensivo e amigo.

Arnaldo comenta que nem todos da turma da Vila apoiaram a candidatura de Carlinhos. "Eu votei nele, mas a maioria do grupo, não. O voto era vinculado e todo mundo queria sacanear a ditadura votando no Brizola". A turma chegou a se reunir para discutir o assunto. Um poste em frente à Vila ostentava a propaganda do Carlinhos. "Tentei argumentar, não consegui". Foi quando a dona Maria Augusta apareceu e cobrou: "Vocês vão votar no Carlos, não é?". Arnaldo tentou explicar: "Dona Maria Augusta, a coisa aqui está feia". A resposta dela foi imediata: "Vocês não têm o que discutir". Afinal, todos ali viviam na casa dela. Mas não teve jeito.

Antes da campanha, Carlinhos aproveitou o carnaval: viajou com a mulher e os filhos pequenos e emprestou o apartamento em que morava, no Humaitá, para a amiga Belela. "Estava em São Paulo, queria vir para o Rio e liguei pra ele". Carlinhos cedeu na hora: "Tudo resolvido, pega a chave na portaria". Belela não foi sozinha. "Fomos eu, meu filho, uma amiga, seus dois filhos e uma empregada, cuja função principal era ficar com as crianças à noite para que pudéssemos curtir o carnaval". Ela até hoje é grata ao amigo, a quem provoca, em tom de brincadeira: "Deixamos a casa arrumadinha, bonitinha, não é mesmo?". Carlinhos concorda e renova a oferta: "Ela está sempre às ordens!".

Esse carnaval também trouxe uma notícia triste, lembra Belela: a morte de Luís Travassos, ex-presidente da UNE que comandou a resistência na batalha campal de outubro de 1968 na Rua Maria Antônia, em São Paulo, entre estudantes de filosofia da USP e da Universidade Mackenzie. Banido do Brasil na troca pelo embaixador americano Charles Elbrick, Travassos viveu dez anos no exílio. Voltou com a anistia de 1979 e estava filiado ao PT. Tinha 37 anos e morreu num acidente no Aterro do Flamengo, no Rio. O carro, uma Brasília dirigida pelo amigo Aloizio Mercadante, ex-ministro e deputado, com quem dividia apartamento em São Paulo, foi fechado por um Chevette.

Leila – *"Eu e Serafim fizemos medicina juntos, nos formamos juntos, nos casamos e aí vieram os filhos. Nisso, nossa vida começou a tomar outro rumo. Casa, família, compromissos... E ainda trabalhávamos* *como professores. Participamos de algumas ações políticas, depois nos afastamos. Eventualmente encontrávamos a Ana Maria em manifestações, greves, e o Aloisio no Conselho Regional de Medicina".*

Angela – *"Foram muitos anos de medo. Houve muita mudança, não só no partido como na esquerda toda. A gente deixou de ser o ator principal, mas já não era há tempos porque muitas vezes fomos jogados para fora. Muitas questões, hoje em dia, a gente interpreta com a leitura atual, mas isso teve uma origem...".*

Glauco – *"Era uma época de procura, de transição, já se falava em abertura gradual. Houve a reforma partidária, a esquerda se dividiu pra cacete. E esvaziou o movimento popular de resistência que existia na época da ditadura".*

Chegamos a 1983 com a classe trabalhadora assumindo protagonismo na luta política, trazendo a certeza de que a ditadura já não amedrontava. Estava com os dias contados e duas iniciativas reforçavam essa certeza. Em 18 de abril, o deputado Dante de Oliveira, do PMDB do Mato Grosso, apresentou uma proposta de emenda à Constituição, estabelecendo eleições diretas para presidente e vice-presidente da República. A iniciativa desencadeou incontáveis manifestações de apoio e mobilizações populares pelas ruas do país.

Três meses depois, em 21 de julho, mais de dois milhões de trabalhadores cruzaram os braços numa greve geral considerada um marco na história do sindicalismo brasileiro pelo tamanho, pela organização e pelo fato de ter sido realizada ainda em plena ditadura. Era um protesto contra o arrocho salarial, o desemprego e a alta do custo de vida, gerados pela política econômica de um governo subordinado às regras do FMI e que tinha decretado, no início do ano, uma maxidesvalorização do cruzeiro, moeda da época. Uma das principais conquistas da greve foi a criação, um mês depois, da Central Única dos Trabalhadores.

Carlinhos – *"Todo mundo do grupo, direta ou indiretamente, teve alguma participação na luta contra a ditadura. Foi um período mui-*

to duro. Perdemos muitos amigos. Ficamos longe de casa. Tem coisas que vocês falam e não sei do que se trata, porque não estava no Rio. Todos esses momentos fazem o que nós somos hoje".

Juca – *"Não sei se fazíamos tudo aquilo por loucura ou por coragem. Confesso que morria de medo de ser apanhado num ponto ou numa panfletagem. Éramos bem jovens. Eu tinha 20 anos e a Chiquinha, 19. Na verdade, o que movia a gente era o idealismo, sem dúvida. Uma convicção que tínhamos e temos até hoje".*

Glauco – *"As pessoas que passaram um tempo maior na prisão tiveram, nos coletivos, tempo de repensar a situação. E as pessoas que foram para o exílio quando veio a anistia viraram a página da história – 'agora é uma outra história, um outro Brasil'. Aqui, muitos de nós ficamos num "inxílio", vivíamos uma mudança sem ter como discutir uma maneira mais apropriada para encarar esse problema. Para mim, foi muito dura essa busca de novos caminhos. Era o início de uma série de definições. Você queria um emprego estável, tinha que pagar aluguel, já era pai, mãe... Isso tudo obrigou cada um de nós a cuidar da própria vida".*

De janeiro de 1984 até a votação da emenda Dante de Oliveira, em abril, cerca de cinco milhões de pessoas saíram às ruas das grandes cidades naquela que foi a maior mobilização popular da história do Brasil. As mais grandiosas aconteceram no Vale do Anhangabaú, em São Paulo, e na Avenida Presidente Vargas, no Rio de Janeiro. O comício da Candelária, por exemplo, reuniu mais de um milhão de pessoas no dia 10 de abril. A turma da Vila estava lá – quem não estava? – e testemunhou momentos expressivos.

O cacique Juruna, então deputado, arrancou aplausos da plateia: "O povo brasileiro não é burro! Burros são os generais!". O jurista Sobral Pinto arrancou lágrimas ao ler o primeiro artigo da Constituição: "Todo o poder emana do povo e em seu nome será exercido!". Mais de 50 oradores, entre políticos e artistas, se revezaram no palanque do comício, encerrado com a fala de Brizola propondo a autodissolução do Colégio

Eleitoral. O locutor Osmar Santos pediu que todos entoassem o hino nacional e a chuva, que se anunciava desde cedo, desabou sobre a cidade, lavando o corpo e a alma de cada manifestante.

A frustração viria duas semanas depois, quando o Congresso se reuniu para votar a emenda Dante de Oliveira. Por apenas 22 votos, foi derrotada e nem sequer apreciada pelo Senado. Por ser uma Emenda Constitucional, seriam necessários dois terços dos votos (320) para aprovação; obteve 298. Entre os 65 que votaram contra (111 não apareceram e três se abstiveram) estavam nomes de apoiadores da ditadura como Nelson Marchezan, Amaral Neto e Sebastião Curió – sim, aquele mesmo torturador do Araguaia.

Nem tudo, porém, estava perdido. No ano seguinte, Tancredo Neves derrotou Paulo Maluf, outro filhote da ditadura no Colégio Eleitoral. Eleito em janeiro de 1985, Tancredo tomaria posse em 15 de março, mas passou mal na véspera, foi hospitalizado e o vice José Sarney assumiu interinamente. A morte de Tancredo foi anunciada em 21 de abril e Sarney tornou-se efetivamente presidente da República. Não foi uma eleição direta como o povo pedia – ela só iria acontecer em 1989 –, mas nascia uma nova República. Pela primeira vez, em 21 anos, o Brasil tinha um civil em lugar de um general na presidência.

A situação permitiu o lançamento do livro *Brasil: nunca mais*, trabalho que teve origem na articulação do arcebispo de São Paulo, dom Paulo Evaristo Arns, e do pastor presbiteriano Jaime Wright, para criar um movimento de denúncia da prática de tortura em presos políticos no regime militar. O livro era recheado de registros extraídos dos tribunais militares e de testemunhos de torturados.

Alguns militares continuavam inconformados. Ostentavam uma certa resistência, que se revelava em pequenos e inexplicáveis atos. Carlinhos tem um exemplo para contar. Diz que naquele ano de 1984, no embalo das manifestações de rua, um grupo de montanhistas decidiu batizar de "1984, a via das diretas" uma rota de escalada que ficava no Morro do Pão de Açúcar, vizinho ao Instituto Militar de Engenharia, na Praia Vermelha. Os militares proibiram o acesso à via.

Os encontros da turma aconteciam esporadicamente, em aniversários de um ou outro, batizados de filhos, festinhas, reuniões e visitas ocasionais. Certa vez, Belela e o marido Edu – "meu penúltimo, pai da Júlia, minha caçula", sublinha ela – vieram de moto de São Paulo e se hospedaram na casa de Aloisio e Ana Maria, que à época moravam no Cosme Velho. "Hospedagem cinco estrelas, nos receberam muito bem". Depois, subiram a serra na virada do ano para reencontrar a família Tibiriçá Miranda no casarão de Teresópolis. Ana e Aloisio de carro, Edu e Belela de moto.

O reencontro foi emocionante. "Alicinha já tinha filhos. Ela fora namorada do meu irmão Carlos Eugênio e não a via há muitos anos". Já dona Maria Augusta ela encontrara havia pouco tempo, num ato público contra a privatização da Embraer (Empresa Brasileira de Aeronáutica), na Câmara Municipal de São Paulo. "Pude dar um forte abraço nela. Me tocou profundamente seu depoimento sobre a luta que encabeçou em defesa do petróleo" – a campanha O Petróleo É Nosso.

No dia seguinte, fim da manhã, Belela e Edu pegaram a estrada rumo à casa a bordo da TT 125, moto bem inadequada para esse tipo de viagem. "Chegando na Dutra, caiu o maior temporal. Nos refugiamos num posto de gasolina. Quando vestíamos aquelas roupas próprias para a chuva, um caminhoneiro nos ofereceu carona até o Ceasa de São Paulo, que era perto da nossa casa". Colocaram a moto no caminhão e fugiram da chuva.

> **Glauco** – *"A gente continuou acompanhando tudo – abertura, Nova República, Diretas Já – mas cada um já tinha traçado um rumo profissional. A gente nunca deixou de se falar, mas ficamos mais afastados, cuidando das próprias vidas. Devíamos ter feito uma daquelas comunidades idealizadas, como a Colina, a Oficina, putas iniciativas, mas não fizemos".*
>
> **Dica** – *"O que a gente passou na vida, nesses 20 e poucos anos de ditadura, nunca mais saiu da gente. Nem vai sair. Está dentro da gente. Carregamos até hoje esse período de nossas vidas".*

Glauco – *"Houve uma época em que cheguei a propor uma reflexão profunda sobre esse período. Não se sabe direito o que aconteceu. Cadê o resgate? Muitas pessoas não se reencontraram. A gente sofreu muitas mudanças, afetivas e profissionais. Houve um esfacelamento das relações partidárias e de amizades".*

O processo de redemocratização avançava, ano a ano. Em 1986 aconteceram eleições para os governos estaduais, o Congresso e as assembleias estaduais. Em 1987 foi instalada a Assembleia Nacional Constituinte para elaborar a nova Constituição brasileira, a "Constituição Cidadã", aprovada e promulgada no ano seguinte.

Nesse período, Carlos Eugênio deu um susto nos amigos da Vila. Sofreu dois infartos. No primeiro, em outubro de 1988, em Niterói, foi salvo por uma angioplastia feita através do SUS. "Botou dois ou três stents", lembra o doutor Serafim, que aproveita para ressaltar a importância do sistema de saúde, uma experiência brasileira que deu certo: "O SUS é nosso, temos que defendê-lo, não podemos permitir que caia na mão de bandidos". Teimoso que era, Carlos Eugênio não abandonou o vício de fumar e logo depois sofreu o segundo infarto. "O curioso é que, nesse segundo episódio, ele foi socorrido no Hospital do Exército".

Em 1989 o Brasil pôde enfim escolher livremente, pelo voto direto, o novo presidente. Escolheu mal, é verdade, mas escolheu. A turma da Vila se mobilizou na campanha. O primeiro turno contou com 22 candidatos. O segundo foi decidido entre Fernando Collor de Mello, um alagoano que ficou conhecido como o "Caçador de Marajás" – capa da *Veja* que alavancou a campanha dele –, e o líder metalúrgico Luiz Inácio Lula da Silva. Carlinhos, por exemplo, bem que se esforçou: foi ele quem escalou a face norte do Pão de Açúcar para estender, lá em cima, uma faixa em apoio a Lula que chamava a atenção pelo tamanho: tinha 40 metros. Não adiantou. Collor venceu.

Um problema, porém, continuava atormentando os brasileiros na época: a inflação galopante que corroía a economia. Veio o Plano Cruzado, depois o Plano Bresser e quando Collor assumiu lançou o desastrado confisco do dinheiro da população. Cada brasileiro pôde sacar até 50 mil cruzados novos da conta bancária, poupança e outros investimentos – o equivalente hoje a R$ 17 mil. O que excedia esse valor foi bloqueado e os rendimentos, congelados. Collor fracassou no combate à crise econômica, se envolveu em corrupção e, dois anos depois, em outubro de 1992, foi enxotado do Palácio do Planalto. Chegou como caçador de marajás, saiu como marajá caçado e cassado.

> **João** – "*O mundo mudou muito rápido e a gente já não tem tantas certezas. Hoje em dia, tenho muito medo de quem tem certezas demais. O mundo está meio atravessado, meio estranho, mas o que vale são os princípios, os ideais, aqueles lá de trás, que não se traduzem necessariamente em uma militância partidária. Às vezes me sentia como um pau mandado, não tinha uma reflexão mais aprofundada. Hoje me sinto, apesar de desgarrado, mais solidário também. Eu me sinto com mais autonomia, no sentido do pensamento. Isso é que é importante.*
>
> **Neném** – "*Muito cedo percebi que a política partidária não me satisfazia. Mas aprendi também que a política está em tudo. Você pode trabalhar a política em vários níveis, em várias dimensões também. Atribuo, em grande parte, o meu início de vida com uma visão mais crítica, com um olhar mais crítico, à convivência que tive com o pessoal da Vila*".
>
> **Maria Alice Ramos** – "*João falou que o mundo é outro. Para mim, é outro há muito tempo. Lembram quando o Glauco perguntou por que eu saí do partido? Não dá nem para explicar. Eu não existia como pessoa. Primeiro quero saber quem eu sou, o que quero da vida. Como eu posso saber o que quero para o mundo se eu nem sei quem sou? Àquela época eu sentia isso. A vida foi se encaminhando e meu trabalho, hoje, reconheço como altamente político.*

Em 1994 o Brasil encontraria, enfim, uma saída para sua problemática economia. Itamar Franco estava na presidência e Fernando Henrique Cardoso, no Ministério da Fazenda. Surgiu então o Plano Real, não só para derrotar a inflação, que em junho daquele ano chegou à marca absurda de 46,58%, mas também para implantar a mais ampla reforma econômica realizada no Brasil. Com o sucesso do real, Fernando Henrique Cardoso elegeu-se presidente, na segunda derrota consecutiva de Lula ao cargo máximo da nação.

No ano seguinte FHC sancionaria a Lei dos Desaparecidos que reconhecia como mortas, para todos os efeitos legais, pessoas que participaram ou foram acusadas de participar de atividades políticas entre 2 de setembro de 1961 e 5 de outubro de 1988 e que, por esse motivo – dizia a lei – "tenham sido detidas por agentes públicos, achando-se, desde então, desaparecidas, sem que delas haja notícias".

Pela primeira vez o Estado brasileiro assumia a responsabilidade por mortes e desaparecimentos durante o regime militar. A lei estabelecia a concessão de indenizações às famílias, a emissão de atestados de óbitos dos desaparecidos e a criação da Comissão Especial sobre Mortos e Desaparecidos para investigar todos os casos. Mas determinava que o ônus da prova caberia às famílias das vítimas e não obrigava o Estado a identificar e punir os responsáveis pelos crimes.

Em 1997 um ato de solidariedade fez avançar as investigações de Iara para localizar os restos mortais do irmão Alex. Ela estava no Rio acompanhando o trabalho de uma equipe argentina de antropologia forense, que fazia exumações para buscar evidências das circunstâncias das mortes de Carlos Lamarca, Ana Maria Nacinovic, Marcos Nonato, Zuzu Angel, Iuri e Alex Xavier. Os peritos precisavam radiografar algumas ossadas e Iara não conseguia ajuda oficial.

Procurou Carlinhos e ele sugeriu que o Fernando – sim, aquele namorado da adolescência – talvez pudesse ajudar. Afinal, era radiologista. "Eu não o via desde 1968. Liguei para ele e perguntei: 'Você pode tirar raio X de umas ossadas, inclusive do capitão Lamarca?'. Fernando não titubeou e o Togo levou os ossos para ele. Fernando fez o raio X de todas as ossadas e, com esse material, os peritos puderam identificar quais lesões eram de projétil de arma de fogo. Nunca mais tinha visto o Fernando nem sabia quais posições políticas ele tinha. Certos laços são mais fortes que a ideologia".

Em paralelo à luta pela identificação das ossadas de Perus, Iara procurava manter viva a memória dos irmãos assassinados pela ditadura. No início dos anos 2000 ela, o marido Gilney, a mãe Zilda Xavier e outros combatentes como Nelsinho Rodrigues participaram da inauguração do Centro de Trabalho e Renda Irmãos Iuri e Alex Xavier Pereira, criado pelo então secretário estadual de Trabalho do Rio de Janeiro, Jaime Wallwitz Cardoso, para defender um direito humano fundamental: o acesso de todos a um trabalho digno e seguro.

Só em 2002 o direito à reparação econômica foi estendido a todos os anistiados e a quem sofreu diretamente com as ações arbitrárias de responsabilidade do Estado brasileiro, como tortura, exílio e afastamento de emprego, entre outras. Tempos depois, esse mesmo direito foi concedido aos filhos de perseguidos políticos. A lei dava aos anistiados e vítimas da ditadura o direito à contagem do tempo de serviço, à conclusão dos cursos e à reintegração dos servidores públicos civis ao trabalho.

Os bravos combatentes da Vila seguiram o passo a passo orientado pela anistia. Primeiro abrir um processo. Depois conseguir no Arquivo Nacional qualquer registro da prisão e apresentar, ainda, requerimento à Agência Brasileira de Inteligência, a Abin, anexando atestados como filiação a sindicato, entidade estudantil ou atividade profissional. Ceres, que sofreu na prisão, desabafa: “Fomos torturados por defender um ideal, e todo ser humano tem o direito de ter um ideal. Eu queria que fôssemos todos iguais, queria o bem comum. Mais um motivo para justificar esse direito”.

Maria Alice Ramos confessa que a princípio hesitou. “Poxa, eu já não estou mais no partido... Será que eu mereço?”. Depois refletiu como e quanto sua vida mudara. “Nós tínhamos um ideal, uma grande questão que a juventude atual não tem e que a gente tinha de mais bonito: a vontade de fazer as coisas acontecerem, ver o mundo diferente... E como fomos castigados!”. Lembrou, então, do sofrimento que foi enfrentar a repressão. “Aí, falei: não! Eu mereço, nós merecemos”.

A concessão da reparação econômica serve também, segundo ela, como ensinamento para que outras gerações avaliem bem as decisões que estão tomando. "Quem estão botando no governo? Quem estão seguindo como linha de conduta?". Maria Alice adverte: "O fato de a gente se calar pode permitir que as coisas se repitam. Não necessariamente da mesma forma como aconteceu com a nossa geração, mas certamente serão atos arbitrários". Pede, enfim, que as pessoas reflitam e vejam que "não se pode tratar ninguém da forma como nós fomos tratados".

Iracema, mãe da Ceres, dá um bom exemplo de como famílias foram destroçadas, e não só pelas mortes e desaparecimentos nesse período vergonhoso da história do Brasil. Ela se confessa uma comunista de nascença, "mas não tenho partido". Conta que a filha estudava na UFF, em Niterói. O pai a levava diariamente para a faculdade e ficava lá até o fim da aula, à espera da filha, para voltar para casa com ela. "Tínhamos medo de que acontecesse alguma coisa com ela". Ceres já tinha sido perseguida, foi presa, sofreu, mudou-se para Maceió e posteriormente refugiou-se no exterior. O mesmo caminho que, por medo, o outro filho de Iracema tomou. "Foi horrível, mudou totalmente a vida da gente. Ficamos sozinhos".

> **Glauco** – *"À época, ainda havia na minha cabeça uma busca constante, uma necessidade mesmo, de a gente voltar à revolução. Era uma obrigação revolucionária você reorganizar a revolução".*
>
> **Angela** – *"No momento atual já ando um pouco cansada das repetições sistemáticas dos momentos que a gente viveu e que, parece, não mudam. Eu sei que mudam, mas parece que não mudam. São as mesmas queixas, os mesmos comportamentos, as mesmas coisas".*
>
> **Glauco** – *"De que forma elaboramos nossa trajetória? Certas questões ainda estão muito presentes. Como encaramos a cidadania, o país, a política, a ética? Questões que sempre pegaram e continuam pegando".*

Lula assumiu, em 2003, o primeiro mandato como presidente. Belela lembra que, certa vez, teve uma discussão muito séria com Leilinha por divergir de opiniões a respeito dele. "Ela ficou brava comigo". Confessa que chegou a pensar: "Não vou ficar mais no grupo". Mas não conseguiu se desligar da turma. Diz que com Iara aconteceu a mesma coisa, por divergências de opinião no grupo. "Mas meu coração não deixou que eu me afastasse deles".

Não se afastou e resolveu dar uma festa de arromba no seu aniversário de 50 anos. "Mandei convites pela internet para meus queridos amigos de São Paulo. Muitos vieram". Belela lembra de uma surpresa "deliciosa". De repente, Glauco apareceu com a esposa. E encontrou Carlos Eugênio. Não se viam há algum tempo. "Foi muito bom".

Belela destaca a solidariedade do grupo. Quando a mãe morreu, a turma toda compareceu "para me confortar, confortar Valderez, Valquíria e Carlos Eugênio". Dona Maria da Conceição Sarmento da Paz, a Joana da ALN, havia ajudado a salvar a vida de muita gente com seus conhecimentos de enfermagem.

Outro cinquentão também deu uma festa concorrida para comemorar a data: Arnaldo Galeno. Belela veio de São Paulo com a filha Júlia. "Ficamos num hotel bem legal, em Petrópolis. Eu, Júlia, meus irmãos Deda e Carlos Eugênio e a esposa dele na época, a Teresa". Belela não lembra de festa mais animada, "foi ótima, supermusical". No dia seguinte estavam todos reunidos para o "enterro dos ossos".

Belela e Arnaldo são grandes amigos e ela se diverte contando histórias dele. Nunca riu tanto quanto no dia em que o amigo se vestiu de padre. Arnaldo explica a "conversão". "É que lá em casa tinha um biombo horroroso, que mais parecia um confessionário daquelas velhas igrejas". Ele improvisou uma batina e queria que todos se ajoelhassem e contassem para ele os pecados que tinham cometido.

> **Quelé** – *"A nossa amizade não é uma amizade qualquer. Ela está calcada na nossa concepção de vida, na nossa concepção política".*
>
> **Iara** – *"Uma das falhas do Partido Comunista é que, apesar de ser estruturado, ele nunca resgatou a história dos militantes daquele período e, agora, praticamente, estão todos mortos. Uma falha que nós, da ALN, também tivemos".*

Angela – *"É preciso refletir, fazer uma autocrítica sobre repressão, novas formas de luta, reorganização partidária, contra a pulverização total e perda da unidade que ainda resistia na busca por um futuro socialista. Ainda somos socialistas".*

Em 2010, a Vila comemorou bastante o final feliz de uma bonita história de amor. Glauco reencontrou Susan, a namorada que conheceu nos Estados Unidos, 40 anos depois, sem que soubessem o paradeiro um do outro.

Não foi nada fácil. Glauco saía de seu terceiro casamento, e a ideia de reencontrar Susan não deixava de atormentá-lo. Achou que finalmente era hora de tomar uma atitude. Pesquisa daqui, pesquisa dali, ele leu num jornal de Vermont o obituário do pai dela. Tentou contatar a família para manifestar condolências e, principalmente, saber notícias da ex-namorada. Conseguiu enfim localizá-la através de um e-mail da sobrinha dela. Ficou todo animado.

Glauco já tinha programado uma viagem naquele ano para Montreal, no Canadá. Iria conhecer sua primeira neta, Lara. Lara é filha de Bárbara e Bárbara é filha do primeiro casamento dele. Deu-lhe, então, um estalo: por que não ir até Vermont e reencontrar Susan?

De Montreal ao endereço da Susan, em Manchester Vermont, são quatro horas de carro. Quando chegou à cidade, a notícia do reencontro havia se espalhado e todos o paravam para cumprimentá-lo. Não deu outra: logo depois, se casaram numa cerimônia no centenário teatro da cidade.

Susan confessou a Glauco a saudade que sentiu naqueles 40 anos. Mantinha consigo uma seleção de filmes que eles assistiram juntos, no fim da década de 1960, e uma coletânea de fotos e músicas da época. Mataram a saudade e vieram para o Brasil. Ainda em 2011, Glauco conseguiu registrar o casamento no Brasil. Hoje estão felizes morando em São Pedro da Serra, região serrana do Rio.

Enquanto Glauco vivia sua grande história de amor, Bira, o velho amigo de escola e escotismo, e Iara dedicavam-se com empenho a dois projetos distintos.

Bira aventurou-se no sertão seguindo as pegadas de Guimarães Rosa. Começou a estudar *Grande sertão: veredas* e fez a pé o percurso que o escritor cumpriu em 1952 durante 14 dias, partindo de Cordisburgo, sua cidade natal, até a Fazenda São Francisco em Araçaí, Minas Gerais – trajeto de 240 quilômetros transportando uma boiada pelo sertão. Essa andança inspirou várias obras do autor: *Corpo de baile*, *Tutaméia* e a principal delas, *Grande sertão: veredas*, lançada em 1956. Bira explica que o livro foi sua inspiração para documentar o percurso: "A ideia foi fazer um quase cinema, Conhesertão Viveredas".

Bira também se arriscou em escaladas difíceis pela América do Sul. No Peru chegou bem perto da boca do vulcão Ubinas. Estava acompanhado de Arcadio Mamani, "um guia, grande personagem, que ajudou nas expedições arqueológicas que os alemães fizeram na região". Numa das fotos que compartilhou no grupo de WhatsApp, Bira escreveu uma legenda irônica: "O Mamani estava me amarrando para me jogar na cratera do vulcão, em sacrifício a Apu Ubinas, como faziam os antigos habitantes do lugar. Se não me falha a memória, o vulcão não aceitou a oferta".

Finalmente, em março de 2014, depois de 35 anos de buscas incessantes, Iara conseguiu identificar a ossada de Alex, assassinado em 1972. Além do raio X das ossadas, um exame de DNA feito pela Polícia Federal confirmou que os restos mortais eram do irmão. Ele fora enterrado numa área clandestina do cemitério de Perus como indigente, sob o nome falso de João Maria de Freitas, artifício da repressão para impedir que familiares localizassem os corpos dos militantes assassinados.

Missão cumprida, Iara desabafou à época: "Esse é um fechamento de um ciclo de luto. Agora vamos esperar justiça". Elaborado pela Polícia Federal, o laudo de 2014 que atesta a identificação foi entregue à dona Zilda, mãe de Alex e Iara. Zilda também sofreu com a repressão. Foi presa, torturada, e simulou um ataque de loucura – internada no Pinel, conseguiu fugir. As ossadas de seu outro filho, Iuri, também assassinado pela ditadura, já tinham sido identificadas em 1996.

Dona Zilda, o pai João Baptista e os irmãos Alex, Iuri e Iara, que também perdeu o primeiro marido, Arnaldo Cardoso Rocha, morto sob tortura, eram militantes da ALN na fase mais sangrenta do regime. Treze pessoas foram responsabilizadas pela morte de Alex, entre eles o coronel torturador convicto Brilhante Ustra, então comandante do II Exército.

Em 2015, mal tomou posse como presidenta reeleita, Dilma Rousseff começou a enfrentar hostilidades, prenúncio do golpe parlamentar que sofreria em 2016. A Lava-Jato completava um ano, denunciava-se o escândalo do desvio de verbas na Petrobras e manifestações a favor e contra o governo ganhavam as ruas, muitas delas marcadas por violência e atos de vandalismo.

Denunciado por corrupção, o presidente da Câmara, Eduardo Cunha, retaliou com as chamadas pautas-bombas e arquitetou a derrubada de Dilma. No dia 2 de dezembro, colocou em votação e a Câmara aceitou o pedido de abertura de processo de impeachment da presidenta.

Em meio a esse quadro, três acontecimentos mobilizam a turma da Vila. Dois, tristes, falam de despedidas. Aos 97 anos, morria no Rio a médica Maria Augusta Tibiriçá Miranda, ativista política, defensora da democracia, da soberania nacional, dos direitos humanos e da igualdade de gêneros, e "mãe de todos" na Vila. Ela ainda morava na casa 4 e, na época, o filho Carlinhos desabafou: "Foi logo após o almoço. Ela pediu para se sentar e foi caindo, como se estivesse apagando, sem aparentar dor ou qualquer sofrimento. Adorava viver. Ela dizia que sua vida tinha três partes: a família, a profissão e as lutas pelo povo brasileiro". Também em 2015, aos 90 anos, morreu, em Brasília, Zilda Xavier Pereira, mãe de Iara, Alex e Iuri. Zilda fez parte do Comando Nacional da ALN. Era a liderança carioca de Marighella.

O outro registro era um recomeço e mobilizou toda a velha guarda da Vila. Começou numa conversa entre Bira e Arnaldo. Bira, certamente inspirado por Guimarães Rosa, contou a Arnaldo que tivera um "alumbramento": juntar todo mundo de novo. A turma andava dispersa. Foram mais de 20 anos de uma separação involuntária. Carlinhos levou a ideia adiante e criou, em fins de 2015, um grupo de WhatsApp para reaglutinar o pessoal. Muitos se conheciam desde as origens, lá do início da década de 1960, outros foram chegando com o correr dos anos. Haviam se distanciado, num certo momento, para cuidar da vida ou refletir sobre o que fazer com ela depois das perseguições, das prisões, das torturas.

Aniversário de Glauco no bar do Lamano, 1977: sentados, Aloisio, Ana Maria, Calcara, Miriam e Pelé (músico); em pé, Amauri, Gustavo, Arnaldo, Lamano e filha, Glauco, dona Teresa (cozinheira), Carlinhos e sua então esposa Vania

Inauguração do Centro de Trabalho e Renda Irmãos Iuri e Alex Xavier Pereira, no Rio de Janeiro, em 2002: Iara, Gilney e Zilda Xavier cercados de companheiros

Ao lado, Aloisio numa homenagem à mãe Maria Augusta. Abaixo, Beat na campanha de Carlos Eugênio para deputado federal, em 2010

À esquerda, o casal Carmen e Beat. Abaixo, casamento de Glauco e Susan no Rio de Janeiro, 2011

Gilney, Iara e os filhos dela em Belo Horizonte,1980, após Gilney deixar a prisão

Acima, Carlos Eugênio abrigado na embaixada da França, em 1982. Ao lado, Bira e o guia Arcadio Mamani, no vulcão Ubinas, no Peru

À esquerda, churrasco na casa dos Tibiriçá Miranda em Teresópolis: Aloisio, Calcara, Arnaldo, Valério, Bola e Cardoso. À direita, encontro na volta de Belela ao Brasil, em 1975: sentados, Pondé, Belela abraçada a Leilinha, Carlinhos abraçado a Vania, Regina (de óculos), Iracema (ao lado de Regina) e Célia; em pé, Barra (no violão), Arnaldo, César (então marido da Leilinha), Aloisio e Paulinho (marido de Iracema)

À esquerda, batizado de André, filho de Aloisio e Ana Maria: à frente, Monica e João (filhos de Beth e Bola); na segunda fila, Aloisio com o filho Luis Felipe, Ana Maria, Beth, Emanuel com André no colo; ao fundo, dona Geralda (mãe de Ana Maria), Maria Augusta e Henrique. Abaixo, comemoração dos 50 anos de Arnaldo, 2001: à frente, Julio (filho de Arnaldo e Regina) e dona Amara (mãe de Arnaldo); ao fundo. Tereza (então mulher de Carlos Eugênio), Carlos Eugênio, Regina, Arnaldo, Belela e filha, e Valderez

7.
RESGATE

O grupo de WhatsApp era uma iniciativa dos novos tempos para que todos voltassem a se encontrar. Resgatariam momentos dramáticos, afetivos e divertidos que viveram juntos. Carlinhos propôs batizar o grupo de Os Ex-Coteiros, numa referência ao escotismo, origem de tudo. Mas por unanimidade o grupo, ao se reaproximar, assumiu o título do filme com o qual se identificara por décadas: Incrível Exército de Brancaleone, a armada que arriscava a vida em busca de um sonho. Era como se estivesse sendo criado um novo e digital endereço para a casa 4 da Vila da Rua Ipiranga. Um espaço para debater ideias, manter viva a militância política, discutir o cenário nacional e o mundial, acompanhar as atividades profissionais de cada um, os lançamentos dos livros da poetisa Fernanda, falar de música, de montanhismo, de família, ser informado pelo Amauri ("Olha o jornaleiro!") das manchetes dos jornais do dia ou, simplesmente, combinar um chopinho no Lamas, no Severyna ou no Armazém do Chopp.

> **Glauco** – *"As coisas não acontecem por acaso. O grupo foi criado um pouco antes do golpe contra a Dilma, num momento em que a gente já sentia um esgarçamento da vida política, com ameaças à democracia. O grupo nasceu chamando os amigos da Vila, das escaladas, das músicas. E ajudou as pessoas, mesmo aquelas que abandonaram o projeto, outras que ficaram caladas pelo excesso de comunicação e outras que saíram por divergências ideológicas. Sim, tinha bolsonarista no início também... Na medida em que a situação ficou clara, com o mundo que a gente estava vivendo de incertezas, de transição, sob ameaças, o grupo juntou as pessoas. Pelo menos podemos falar alguma coisa; às vezes tem eco, às vezes não. Enfrentamos a eleição e a perda da eleição, enfrentamos outra eleição, e não dá para dimensionar a angústia que cada um viveu nesse processo. Na nossa memória, a gente vê tantos momentos vividos, tantas angústias, tantas buscas... A gente se segura dentro do grupo e, às vezes, a gente se atura dentro do grupo também. Tivemos essa vida repleta de emoções, de idealismo, de utopias, que estão presentes até hoje".*

Carlinhos – "*Durante o período pós-prisão de um monte de gente aqui, passamos algum tempo sem contato. E a internet acabou nos ajudando. A viabilidade on-line de a gente se reencontrar como grupo nasceu em 31 de dezembro de 2015. Permitiu que resgatássemos essa interação. A tolerância é uma tônica que se estabelece num país como o Brasil e sua diversidade, país continental, 27 estados... A Amazônia é uma coisa, o Rio Grande do Sul, outra. Entender isso sem entender a diversidade étnica, política e religiosa é dar com os burros n'água. Só é difícil conversar com quem acha que tem de acertar contas na diferença de opinião comigo, me aniquilar física e moralmente, que é o que o bolsonarismo faz, nos minar a todos. Se esses malucos ganhassem a eleição ficaria muito difícil. Essa é a questão fundamental no papel do grupo hoje. A gente deve construir um Brasil com respeito à diversidade, a mais ampla possível, em que as pessoas tenham a liberdade de concordar ou discordar. A gente tem que aprender a ouvir o diferente e crescer com ele. Toma o tempo dele me convencer ou o meu para convencê-lo? Qual é o problema? No fundamental, a gente quer um mundo com liberdade e o direito das pessoas concordarem ou discordarem. Esse grupo prega justamente isso*".

Arnaldo – "*A influência que essa turma toda teve na minha vida foi de amizade, amor, carinho, solidariedade... Não sei se seria a mesma pessoa sem o grupo. Fomos conseguindo juntar as pessoas, reparar as dores, as feridas daquele período. Um ajudando o outro. O grupo é uma referência familiar*".

João Quental – "*Sou muito analógico, misto de preguiça e dificuldade. Muita coisa eu concordo, muita coisa eu discordo. Mas é salutar, saudável mesmo, ouvir vocês todos. Tem aquela coisa: 'Vai falar?! Vai tomar porrada, mas vai lá e fala'. E te ouvem. Mas às vezes saio do zap com uma sensação de incompletude. É bom, mas falta sempre alguma coisa. Fico pensando que teríamos muito mais a ser dito, a ser discutido*".

Maria Alice Ramos – "*Quando veio o convite para participar do zap, fiquei feliz. Morria de saudades. Vocês me mostraram uma outra* *visão do mundo, que eu não tinha pela minha família e que me abriu para o entendimento de muita coisa. Tenho um amor por vocês, vocês não têm noção...* (Maria Alice se emociona) *Esse espaço foi mais importante durante a pandemia. Ao ver vocês, parecia que eu estava vendo o mundo. Linda essa ideia do zap. Espaço muito bonito que me ajudou muito a pensar".*

Angela – *"Voltar ao Rio sempre foi um sonho para mim, nunca concretizado. O Rio permaneceu na memória, nas minhas emoções. Quando o Arnaldo me convidou para o grupo, foi uma espécie de realização daquele sonho. O fato de ter pertencido a uma organização, de ter conhecido várias pessoas... Na minha cabeça, nas minhas emoções, criei um vínculo com todo mundo. O zap permitiu esse vínculo amoroso, amistoso, carinhoso, com cada um de vocês. Essa forma de comunicação foi muito boa, principalmente durante a pandemia. O grupo me deixa potente, me deixa feliz estar lendo, vendo, discutindo as coisas. Um arranca-rabo pra lá, um arranca-rabo pra cá... mas tudo bem. Me sinto integrante e gosto muito de pertencer a esta turma".*

Belela – *"Sempre tive no grupo uma referência. Era muito falante, muito espontânea e logo percebi que todo mundo era do PCdoB... Naldinho não. Ele era Brizola. Tenho muito afeto por todos e estou ansiosa para ver como essa história do grupo vai ser contada".*

Míriam – *"Já são anos que estamos conversando periodicamente e isso nos tem apoiado muito. O Branca é a nossa família e essa forma de comunicação foi crucial para nos manter juntos na pandemia. Tudo o que nós passamos conseguimos superar nesse grupo, porque somos tão próximos, tão emotivos.... Se não houvesse o grupo, nosso sofrimento teria sido maior. Ele segurou nossa agonia, nosso desespero, nossa insônia. Há um carinho muito grande entre nós e eu tenho uma grande satisfação de estar com vocês. E continuo militando até hoje, da forma que consigo e em várias frentes".*

Carmen (viúva de **Wilson Beat**) – *"Eu estou sempre agradecendo por estar no grupo. Depois que o Wilsinho se foi, decidi perma-*

necer no grupo porque ele era muito ligado a vocês, gostava muito de vocês. Gosto de estar aqui. Fico feliz e agradeço a amizade de todos. Acho o grupo superimportante. É o grupo da política. Você pode falar à vontade, todo mundo tem liberdade para se manifestar".

Amauri – *"Esse grupo representa uma recordação de todo o meu passado. Convivi com esse povo aqui por muitos e muitos anos. Criamos um elo forte num local onde encontramos pessoas com capacidade de falar, de discutir, de debater qualquer assunto. E, mais importante, sinto um enorme carinho por todos aqui".*

Chiquinha – *"Eu vim participar do grupo através do Bira. Ele me ligou e perguntou: 'Por que você não está no grupo?'. Eu respondi: 'Que grupo?'. Bira então falou com o Carlinhos e ele me colocou no grupo. Estou aqui até hoje e muito feliz. Eu não consigo dormir sem dar uma olhada no que todo mundo falou, todo mundo escreveu, todo mundo postou. Isso ajuda muito a gente a sobreviver aos duros momentos que vivemos. Agradeço ao Bira e ao Carlinhos".*

Serafim – *"Acho fundamental nesse grupo a gente conseguir fazer uma atualização política. Eu devo participar de uns 12, 14 grupos: políticos, de pesquisa, de ciências sociais... Mas neles não se discute muito. E não vi, neste grupo, nenhuma briga. Vi discordâncias, mas salutares, saudáveis. Acaba tudo num caminho social democrático. É importante, não fere ninguém, não atravessa a vida de ninguém. Já disseram que a mídia digital iria acabar com o mundo. Na realidade, ela não acabou com o mundo; ela trouxe algumas facilidades. Mas acontece que o ser humano acabou desestruturando tudo. São vários os vieses para a utilização das mídias sociais. Lamentavelmente é assim. A gente tenta entender essas diferenças, algumas são muito boçais e a gente não consegue deglutir. Mas facilita nossas comunicações".*

Leila Borges – *"O zap veio para quê? Para reaproximar a gente. Foi bom? Foi. Pelo poder da comunicação. No nosso caso, principalmente, é muito importante. Consegui resgatar pessoas daquela época e conhecer outras tantas. Teve essa reaproximação. Através do zap* *falamos de tudo. Quero parabenizar o grupo pelo trabalho, pela dedicação de todos. Fico muito orgulhosa em participar. É um prazer participar desse projeto. O zap arrebanhou toda essa turma".*

Eném – *"A influência que a turma teve na minha formação política foi fundamental. Isso é para vocês entenderem a importância do grupo. O Carlinhos é um agregador e quando me convidou para ingressar neste grupo foi um reencontro bonito com o pessoal antigo da Vila. E, também, um encontro com novos amigos que compartilham ideais. Sou leitora assídua do grupo. Muito assídua. Diariamente. Mas não tenho perfil de vida digital. O ritmo do meio digital é muito rápido, não combina com meu ritmo. Mas aprendi a respeitar. A importância do zap está na possibilidade do encontro, em primeiro lugar, e agora por possibilitar esse convívio que retomei depois de todos esses anos afastada de vocês.*

Juca – *"Para mim foi como uma ponte para o passado. Um reencontro. Eu saí do Rio, fiquei muito tempo fora. Teve a função de me reintegrar, não só com as pessoas com as quais tinha militado, tinha amizade, mas com outras que eu não conhecia ou conhecia de vista. É um ponto de aglutinação, de referência também, porque temos muitas coisas em comum. Discussões surgem, muitas vezes há divergência, mas com um foco comum ao grupo. A grande importância é reafirmar uma unidade que existe entre nós, apesar de várias vertentes. Uma reafirmação de fé na gente mesmo".*

Aloisio – *"Por conta da modernidade, a gente pôde criar esse grupo e restabelecer um contato maior, com as proporções que o tempo deixou e com a idade em que estamos. Considero o grupo um ponto de encontro. Nesses anos todos, nós nos encontramos também em festas e bares, mas esse grupo de zap foi fundamental para restabelecermos contato".*

Ana Maria – *"Esse grupo foi um marco na minha vida. Eu era uma pessoa antes dele, passei a ser outra depois dele. Esses encontros periódicos do Branca são muito bons. A gente se comunica, se informa, se diverte. Não é a mesma coisa de estar junto... Mas estamos juntos".*

Além dos 17 que analisaram acima o papel do grupo de WhatsApp, outros 15 integram o Incrível Exército de Brancaleone: Maria Alice Genofre, Alicinha, Bira, Ceres, Gustavo, Hélio, Isabel, Ivone, Léo, Osiris, Paulo Baía, Regina Galeno, Valério, Andrea (filha de Fernando e Alicinha) e Mônica (filha de Bola e Beth).

E assunto não faltou nos encontros virtuais do Incrível Exército de Brancaleone. Em 2016 aconteceram no Brasil, pela primeira vez, os Jogos Olímpicos, uma festa sob forte esquema de segurança. Vieram à tona os rolos do presidente da Câmara, Eduardo Cunha. Ele foi preso pela Polícia Federal 49 dias depois de ter presidido a sessão da Câmara que encaminhou ao Senado o pedido de impeachment de Dilma Rousseff. O Brasil perdeu Dom Paulo Evaristo Arns, o movimento revolucionário perdeu Fidel Castro e os Estados Unidos elegeram presidente o bufão Donald Trump.

Formada no calor das ruas, a brigada Brancaleone mata a saudade fazendo política pela internet. Assim, acompanhou as primeiras manifestações contra os cortes em benefícios da seguridade social e mudanças nas leis trabalhistas propostos por Michel Temer, o dissimulado vice de Dilma. Acompanhou também os movimentos maquiavélicos da "República de Curitiba" para alijar Lula das eleições. Questionou a imparcialidade do juiz Sérgio Moro, ao condenar o ex-presidente pelos crimes de corrupção passiva e lavagem de dinheiro, no caso do triplex do Guarujá. E viu a Câmara, por duas vezes, barrar denúncias contra Temer por obstrução de justiça e organização criminosa – ficou famosa a orientação dele ao empresário Joesley Batista, na calada da noite, no Palácio do Jaburu, sobre pagamentos que estariam sendo feitos a Eduardo Cunha: "Tem que manter isso, viu?".

Já se desenhava um futuro sombrio para o Brasil, aquela tempestade contra a qual nossos combatentes aprenderam a lidar desde os tempos do escotismo. O general Braga Neto – sim, aquele que viria a ser vice de Bolsonaro – comandou a intervenção federal na segurança pública do Estado, a vereadora Marielle Franco e o motorista Anderson Gomes foram assassinados no Centro do Rio de Janeiro. E Lula se entregou para cumprir pena de 12 anos de prisão, estabelecida em segunda instância pelo Tribunal Regional Federal da 4ª Região. O caminho estava aberto para Bolsonaro chegar ao poder e para o Brasil reviver os anos de obscurantismo, que pareciam algo de um passado distante.

O ano de 2019 gerou muito assunto no grupo. O que seria do Brasil com Bolsonaro na presidência? E o que dizer das reveladoras conversas entre o juiz Moro e o procurador Deltan Dallagnol, combinando formas nada republicanas de acusar Lula? Teve o entra e sai de Temer na prisão por corrupção ativa e lavagem de dinheiro e a festa que foi o reencontro de Lula com a liberdade, depois de 580 dias preso em Curitiba.

Para a turma da Vila chegou, no início de junho, a notícia de que tinha piorado bastante o estado de saúde de Carlos Eugênio, internado em Ribeirão Preto, cidade onde vivia com a mulher, Maria Cláudia Ribeiro. Carlos Eugênio lutava contra um câncer de laringe muito agressivo. O grupo se organizou, gravou um vídeo emocionado de apoio e despedida ao companheiro de incontáveis aventuras – o "buldogue" imbatível do grupo escoteiro, o discípulo de Marighella, o último comandante da ALN.

Carlos Eugênio morreu em 29 de junho. "Juntos, achávamos que sobreviveríamos e driblaríamos a morte mais uma vez. Mas ele nos deixou. Partiu sereno. Não estava desesperado diante da morte. A morte se aproximou dele concretamente tantas vezes. Ele entendia que era seu último e definitivo encontro com ela. Ele, como Marighella, não teve tempo para ter medo. Foi o homem mais corajoso que conheci", desabafou Maria Cláudia Ribeiro, historiadora e viúva de Carlos Eugênio, no documentário *Codinome Clemente*, dirigido pela cineasta Isa Albuquerque.

Os anos seguintes trouxeram as respostas que o grupo cobrava em seus encontros de 2019. Como seria o Brasil de Bolsonaro? Foi o pior, o mais despreparado e destrutivo presidente que o Brasil já teve. Promoveu o desmatamento, a destruição do meio ambiente, incentivou a violência liberando a venda de armas, cortou verbas que financiavam pesquisas científicas, atividades culturais, projetos sociais, programas educacionais, isolou o Brasil do resto do mundo, atacou as instituições e ameaçou a democracia.

Bolsonaro teve também um comportamento criminoso na pandemia do novo coronavírus. Questionou a gravidade da doença – "uma gripezinha". Ironizou o comportamento das vítimas – "chega de frescura, de mimimi, vão ficar chorando até quando?". Imitou como um pândego sádico o sofrimento das pessoas que morriam por falta de oxigênio. Retardou a compra de vacinas chegando a associá-las à aids. Virou garoto propaganda da cloroquina, medicação reprovada pela ciência por completa ineficácia no tratamento da covid-19. Condenou o uso de máscaras e as medidas de distanciamento social. Trocou por quatro vezes o ministro da Saúde. E tentou manipular os dados sobre o número de casos, mais de 21 milhões, e de mortos, mais de 700 mil. Em 2021, depois de seis meses de investigação, a CPI da Covid-19 pediu o indiciamento de Bolsonaro por nove crimes. O relatório, porém, dormiu também criminalmente nas gavetas de Augusto Aras, o procurador-geral da república, amigo do capitão da morte.

Sobre os conchavos de Moro e Dallagnol para afastar Lula da corrida eleitoral, trazidos a público pelo *The Intercept*, não deu outra: os dois foram desmascarados publicamente. Moro, bolsonarista de primeira hora, queria uma vaga no STF e ganhou um ministério. Ficou pouco tempo no cargo, desgastou-se com o chefe, elegeu-se depois senador, reaproximou-se de Bolsonaro e passou a viver sob o risco de ser cassado. Dallagnol, que fora eleito deputado federal, teve seu cargo cassado. E todas as decisões da dupla na "República de Curitiba" acabaram anuladas pelo STF.

E o que era para ter acontecido em 2018 finalmente aconteceu em 2022. Lula venceu e assumiu em 2023 seu terceiro mandato como presidente da República, com a missão de resgatar o Brasil do fundo do poço. Quanto a Bolsonaro, tornou-se inelegível por decisão do Superior Tribunal Eleitoral e foi desmascarado por usurpar joias do Estado Brasileiro, encomendar atestados falsos de vacinação e tramar, com o apoio de generais e outras patentes de farda – "viúvas da ditadura", a maioria delas aboletada no Palácio do Planalto –, um golpe de estado para continuar no cargo, mesmo derrotado nas urnas.

Por muito pouco a história não se repetiu, 58 anos depois daquilo que os militares chamaram de revolução. Uma investigação da Polícia Federal deixou o país perplexo. O golpe, arquitetado com ciência e aprovação do então presidente, previa para dezembro de 2022 o assassinato do ministro do STF Alexandre de Moraes e do presidente e do vice eleitos, Luís Inácio Lula da Silva e Geraldo Alckmin – e a elaboração de um decreto que manteria Bolsonaro no cargo. O plano não foi adiante porque os comandantes do Exército e da Aeronáutica o recusaram. Os golpistas ainda tentaram, logo após a posse de Lula, uma alternativa, com a invasão orquestrada e financiada pelo grupo de Bolsonaro às sedes dos três poderes em Brasília, na expectativa da decretação de uma GLO, a operação de Garantia da Lei e da Ordem, que entregaria o país aos amiguinhos militares. Bolsonaro deu-se mal de novo e passou a viver esgueirando-se pelas sombras da conspiração que nem um rato acuado, sem ter como escapar.

Em julho de 2024 o governo Lula venceu outra resistência dos militares ao retomar os trabalhos da Comissão Especial sobre Mortos e Desaparecidos Políticos, extinta em 2019 por Bolsonaro, Voltava-se a investigar os assassinatos de um regime que cobriu o Brasil de vergonha. Passados 60 anos do início e 39 anos do fim da ditadura militar, até hoje as Forças Armadas não pediram desculpas à nação pelas atrocidades que cometeram. Também não revelaram o que fizeram com aqueles apontados nas estatísticas oficiais como desaparecidos. Em 2015, 30 anos após o fim do golpe, a Comissão Nacional da Verdade concluiu que 191 brasileiros foram mortos pela ditadura, 210 continuavam desaparecidos e apenas 33 corpos tinham sido localizados.

Talvez o ato mais emblemático de como o grupo reagiu a esse período de trevas tenha acontecido no dia em que, depois de uma noitada boêmia, Glauco e Aloisio, imbuídos do espírito brancaleônico, decidiram dar uma resposta definitiva à ditadura. E urinaram solenemente no muro do quartel da Polícia do Exército.

Foi em 2022 que os combatentes do Incrível Exército de Brancaleone decidiram gravar seus encontros na web para resgatar as histórias que alimentaram estas páginas, sobre o papel de uma geração no período mais obscuro da vida brasileira. Geração tão bem definida nos versos do poeta Alex Polari, o ex-militante da VPR que participou do sequestro do embaixador alemão em 1970 e passou quase uma década preso: "Nossa geração teve pouco tempo/ começou pelo fim/ mas foi bela a nossa procura/ Ah, moça, como foi bela a nossa procura!/ mesmo com tanta ilusão perdida/ quebrada, mesmo com tanto caco de sonho/ onde até hoje/ a gente se corta".

Que essa trajetória de ilusões e cacos que ainda cortam inspire coragem e determinação às novas gerações, para que elas possam encarar um futuro carregado de incertezas. Como aprenderam – e ensinaram aos filhos e netos – nossos camaradas brancaleônicos: se uma tempestade vier nos cobrir de sombras e tivermos que viver em condições adversas e agressivas, há que se perder o medo do desconhecido e descobrir a importância da solidariedade. Afinal, Aurocastro é logo ali. Basta ouvir o grito da Ipiranga.

Carlinhos discursa pela Frente Brasil Popular, em ato na Candelária contra a prisão de Lula, 2017

Calcara comemorando seu aniversário com Aloisio, Miriam, Ana Maria, Arnaldo e Andrea

Aniversário do Glauco na ilha da Gigóia, em 2019: Beat, Neném, Arnaldo, João Quental, Glauco e Carlinhos

Ao lado, lançamento do livro Alta Voltagem *de Fernanda, na foto abraçada a Alicinha e com Angela, Glauco, Ana Maria, Aloisio, Léo, Chiquinha, Arnaldo, Leilinha e Glaucia. Abaixo, lançamento póstumo do livro de Fernanda,* Em Carne Viva, *pelos irmãos Glaucia, Flavio e Glauco*

Três gerações da família Tibiriçá Miranda: Maria Augusta, Carlinhos e a filha Vanessa

Acima, Osiris em visita recente ao mausoléu de Ho Chi Minh, em Hanoi. Ao lado, Amauri na manifestação em defesa da Justiça do Trabalho em 2017, no Rio de Janeiro

Carlinhos e Bira em caminhada no Morro do Leme

Encontros no Lamas. Acima, à mesa, Alice Genofre, Alexandre (filho de Glauco e Miriam), Glauco, Susan, Miriam, Isis (filha de Bira e Leila Capella), Amauri, Carlinhos, Aloisio, Ana Maria, Serafim, Leila, Alicinha e Arnaldo; em pé, Leila Capella, Juca, Calcara e Beat. Abaixo, à esquerda, Arnaldo, Juca e Bira; à direita, Belela e Beat

Dois momentos festivos no Armazém do Chopp. Ao lado, sentados, Susan, Glauco, Aloisio e Helio; em pé, Stanley (filho de Susan), Maria Alice Ramos, Neném, Arnaldo, Juca, Léa, Serafim, Leila, Miriam, Nobuco e Carlinhos

Segundo momento: Ana Maria, Aloisio, Léo, Glauco, Neném, Arnaldo, Miriam, Léa e Juca

Confraternização geral do Incrível Exército de Brancaleone no bar Severyna saudando, em 2024, o grito da Ipiranga: "Branca, branca, branca! Leon, leon, leon!"

O QUE CADA UM FEZ DA VIDA

Alfonso **Calcara** nasceu na Sicília, Itália, em 1956, e veio menino para o Brasil. Conheceu e tornou-se amigo de Betão, filho mais novo dos Tibiriçá Miranda, e através dele passou a frequentar as festinhas da casa 4. Influenciado por Aloisio e Carlinhos, começou a escalar e fazer caminhadas. Estabeleceu um forte laço de amizade com a família e os amigos dela, que considera como irmãos. É economista, trabalhou na Vale do Rio Doce. Está aposentado e, ocasionalmente, ainda encara uma escalada. Vivenciou de perto todos os movimentos da turma, mas não militou politicamente. Casado há 40 anos com Juracy, tem um filho.

Aloisio Tibiriçá Miranda, responsável pela festa que marcou a redenção dos combatentes da Vila em 1973, abrindo a fase da catarse e do desbunde, formou-se médico em 1976. Em 1983 entrou para o serviço público federal e, em 1986, para o serviço municipal, quando passou a integrar a equipe de plantão de emergência em cardiologia do Hospital Miguel Couto, no Rio de Janeiro. Três ou quatro anos depois, assumiu a chefia do serviço de cardiologia do hospital. No Conselho Regional de Medicina, fez parte da chapa eleita em 1988 e reeleita em 1992. Em 2002 conquistou a presidência do órgão e, em 2004, ingressou no Conselho Federal. Ficou lá por dez anos. Em paralelo, participou do grupo de meio ambiente da Associação dos Moradores do Cosme Velho, que congelou o gabarito de construção no bairro. Chegou à presidência da associação. Aloisio criou também um comitê pelas Diretas Já, reunindo associações da Glória, do Catete, do Flamengo, das Laranjeiras e do Cosme Velho, partidos políticos e entidades culturais. Aposentou-se do serviço público em 2018, mas continua clinicando no consultório que mantém desde 1980, no Largo do Machado.

Ana Maria de Gouveia Miranda não suporta ouvir falar em tortura e confessa que não daria conta de passar o que boa parte da turma passou. Descobriu, com o tempo, uma nova visão de participação na sociedade. Foi professora e funcionária pública. Cedida pelo município, trabalhou na Câmara dos Vereadores. Começou em 1976, no gabinete do vereador José Frejat. Em paralelo, dava aulas no colégio São Vicente de Paula. Mas o trabalho que mais curtiu aconteceu junto aos moradores do Cosme Velho: participava do jornal, de passeatas, colagens e do teatro de rua. Aposentada, se dedica à família e à pintura. Casada com Aloisio, tem dois filhos e um casal de netos.

Andrea Miranda Bertino é a mais velha dos quatro filhos de Fernando Bertino e Maria Alice Tibiriçá Miranda. Representa no grupo o pai Fernando, um dos integrantes da primeira turma dos escoteiros do Grupo Guilhermina Guinle, lá atrás, no início dos anos 1960, morto em janeiro de 1998. Andrea é casada, mora no Texas, Estados Unidos, e tem duas filhas.

Angela Maria Bastos levou um bom tempo para organizar sua vida e até hoje traz sequelas da prisão na Ilha Grande. Fez carreira na saúde pública. Mineira, é médica sanitarista, aposentada pela Fundação Nacional de Saúde. Formada em 1974, começou a trabalhar em 1975 na Secretaria Estadual de Saúde da Bahia, por conta de sua relação com Paragua. Dois anos depois veio para o Rio, mas por pouco tempo. Fez um curso na Escola Nacional de Saúde Pública e retornou à Bahia. Sempre com Paragua. Desenvolveu programas importantes, como o de formação de atendentes no interior. Na década de 1980, participou do grupo que implantou práticas não alopáticas na Bahia. Quando Fernando Collor ganhou a eleição, fez concurso para a Fundação Serviços de Saúde Pública e foi trabalhar no Além-São Francisco, a 900 quilômetros de Salvador. No currículo tem ainda a coordenação do Programa de Saúde Indígena e a formação em psiquiatria e acupuntura, com especialização em dor – "talvez para me curar", diz ela. Vive em Salvador, tem uma filha e três netos.

Arnaldo Galeno custou a se encontrar. Ainda tem pesadelos pelo que sofreu. Foi preso, perseguido, convidado a se retirar da Escola Anna Nery, onde cursava enfermagem. Optou pela biologia, mas o interesse durou pouco. Cursou economia e direito nas Faculdades Bennett, com foco na área aeronáutica. Assim que saiu da enfermagem, foi chamado pelo pai, oficial da Aeronáutica, para constituir uma empresa que mantém até hoje. É perito de seguros para o ramo da aeronáutica. Carrega uma frustração: não conseguiu estudar música, os pais criaram problemas e ele largou o sonho. Mas não de todo: Arnaldo mantém um canal no YouTube, com uma coletânea de músicas de sua autoria. Casado com Regina Maria, tem dois filhos e um neto.

Carlos Henrique Tibiriçá Miranda, o **Carlinhos** (ou **Caíque**, como queira), aproveitou os dois anos de exílio em São Paulo para estudar bastante. Quando voltou para o Rio de Janeiro, se deu ao luxo de escolher em qual faculdade entraria. Optou pela economia na UFRJ e formou-se em 1978. Arriscou-se na política, coordenou a campanha de Modesto da Silveira no mesmo ano e se reaproximou do partido. Quatro anos depois se candidatou, sem sucesso, a uma cadeira na Assembleia Legislativa. Já trabalhava, à época, na Fundação Getulio Vargas. Manteve, porém, as atividades partidárias e hoje é assessor parlamentar do PCdoB. Tem quatro filhos e dois netos.

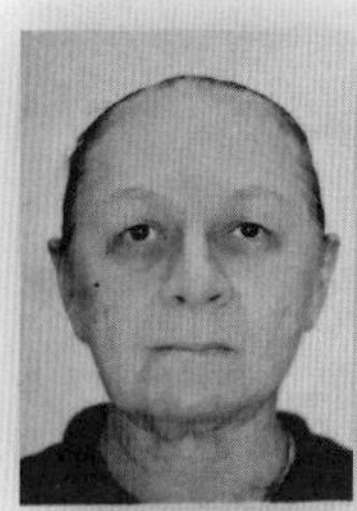

Carmen Cecilia Aiolfi, arquiteta e funcionária da Companhia Estadual de Águas e Esgotos do Rio de Janeiro, a Cedae, é viúva de Wilson Rosa Monteiro, o Beat. Conheceu o marido em 1990 e logo foi apresentada aos amigos Aloisio, Beth e Valério. Daí conheceu a turma toda e passou a frequentar a casa 4 da Vila. Atuante e extrovertida, participa de todas as programações do grupo. Sentiu muito a perda do marido e agradece à turma por tê-la acolhido e apoiado e por participar do grupo de WhastsApp representando o Beat.

Ceres Castor Caparelli sofreu com a repressão. Baiana de Salvador, conheceu alguns dos brancaleones em 1970, quando fez o extinto cursinho de vestibular Gradiente, na Rua das Marrecas – um dos donos era o bizarro professor Enéas, aquele candidato à presidente que tinha como bordão “Meu nome é Enéas”. Era da mesma turma de Arnaldo, Maria Alice Ramos e Daniel, que vieram a ser companheiros de partido. Em 1972 passou um bom tempo na clandestinidade total, trancada num apartamento em Botafogo. Acabou presa. Dois anos depois, o marido também foi preso e ficou um mês incomunicável, sob tortura. Ceres refugiou-se no Nordeste e em Londres, para onde viajou grávida. Ainda assim conseguiu se formar em história, mas seguiu carreira como funcionária do Banco do Brasil. Está aposentada, tem um casal de filhos e uma neta.

Glauco de Kruse Villas Bôas teve intensa militância política. Integrou o Comitê Universitário do PCdoB e atuou na consolidação do partido em várias faculdades da UFRJ. Após a prisão e dois julgamentos na Justiça Militar, resgatou sua relação com a música e participou de shows, programas de rádio e gravações com parceiros do mundo do samba e do choro. Na mesma década de 1970, formou-se em farmácia, cumpriu estágios em alguns hospitais e empresas e dedicou-se à microbiologia, além de ter experimentado uma breve passagem pelo jornalismo. Em seguida organizou uma rede de farmácias de manipulação, chamada Princípio Ativo. Na década de 1980 entrou para a Fundação Oswaldo Cruz, como quadro do recém-criado Instituto Nacional de Controle de Qualidade em Saúde. Na instituição especializou-se como sanitarista e epidemiologista e, posteriormente, fez doutorado em saúde pública. Na época também vivenciou a organização do PT e todas as mudanças estruturais e institucionais envolvendo os partidos. Hoje se vê como ecossocialista, sem filiação partidária. Coordena o Centro de Inovação em Biodiversidade e Saúde da Fiocruz. Casado com Susan, é pernambucano, tem três filhos e três netos.

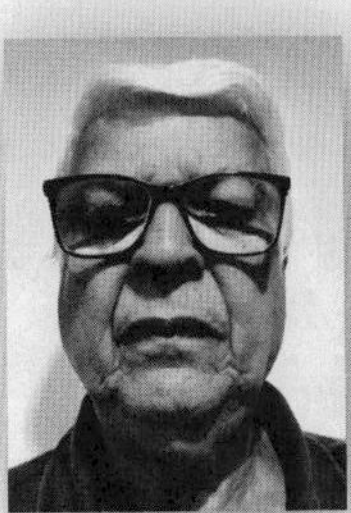

Gustavo Bertino, irmão de Fernando, formou-se em medicina em 1976. Especializou-se em angiologia e cirurgia vascular. Participou da primeira tropa de escoteiros no Fluminense, ao lado de Fernando, Glauco, Aloisio e Carlinhos. Era frequentador assíduo das festas na casa 4 da Vila, mas não se envolveu com o movimento estudantil nem com a política. Confessa que, da faculdade para cá, só trabalha. E muito. Tem dois filhos e quatro netos.

Iara Xavier Pereira é irmã de Alex e Iuri, assassinados pelo regime militar, assim como o então companheiro Arnaldo Cardoso Rocha, de quem estava grávida – todos militantes da ALN. Viveu na clandestinidade desde os 16 anos, esteve exilada e quando voltou ao Brasil, em maio de 1979, engajou-se na luta pela anistia, pela libertação dos presos políticos, pelo esclarecimento das circunstâncias das mortes e pela localização dos restos mortais de seus irmãos e companheiros assassinados. Participou da Comissão Especial de Mortos e Desaparecidos Políticos e da Comissão Nacional da Verdade. Colaborou também em pesquisas nos arquivos dos órgãos de repressão e na preparação de dossiês para denúncias-crimes relativas aos assassinatos de Iuri, Alex e Arnaldo. Sobre o ex-marido, apresentou denúncia à Comissão Interamericana de Direitos Humanos em agosto de 2023, depois que o processo, no Brasil, foi rejeitado com base na Lei da Anistia. Vive com Gilney em Brasília, com a certeza de que a família continuará buscando justiça e a condenação do Estado Brasileiro pelos crimes da ditadura militar. Teve um filho, falecido, e uma filha que lhe deu duas netas.

Isabel de Araújo Quental é professora, historiadora e psicóloga aposentada. Conheceu Glauco e João Quental em 1971, quando era estudante de ciências sociais, e participou do movimento estudantil. Isabel é outra integrante do grupo que veio de Marechal Hermes. A partir de 1974, conheceu toda a turma e passou a frequentar a Vila. Também promovia festas na casa em que morava com João Quental, em Santa Teresa. Entrou para o grupo de WhatsApp em 2021. Casada com João Quental, tem três filhos e três netos.

IVONE Santos Caminha é tia do Arnaldo. Morava com a família do sobrinho, na casa 2 da Vila. Professora do ensino básico, conheceu Valério num domingo de carnaval, quando a turma saiu para um ensaio da Mangueira. O casal vive entre o bairro do Flamengo e Teresópolis, tem quatro filhas e seis netos.

JOÃO Quental, casado com Isabel, é um farmacêutico bissexto. Entre estudo, militância política, clandestinidade e prisão, levou oito anos para terminar o curso. O que o motivou a concluí-lo foi saber que Glauco e Miriam estavam fazendo saúde pública na Fiocruz. Foi ver que diabo era aquilo e encontrou-se porque, segundo ele, juntava saúde e política. Trabalhou na Secretaria Municipal de Saúde, depois na Secretaria Estadual até ser requisitado pela Fiocruz. Ficou lá 30 anos. Foi diretor de Bio-Manguinhos, unidade produtora de vacinas, trabalhou na área de planejamento central e, nos últimos oito anos, foi ouvidor-geral da instituição. Aposentou-se, mas confessa que, de vez em quando, se arrepende. Passa boa parte do tempo em seu sítio na região serrana do Rio de Janeiro. Dedica-se a fotografar pássaros e tem o projeto de criar um polo de observação de aves e de educação ambiental. Como Arnaldo, lamenta não ter investido na música, "por falta de disciplina".

José Carlos Moraes, o **JUCA**, jubilado na Escola Nacional de Ciências Estatísticas, descobriu sua vocação após a saga de dois anos na clandestinidade com a namorada Chiquinha. Precisava de trabalho, conseguiu uma vaga no setor de enciclopédias da Editora Abril, mas foi reprovado no exame médico.

Estava com tuberculose. Recuperado, veio a chance nos laboratórios do Instituto Abril, onde conseguiu emprego como assistente de fotógrafo. Fez carreira na fotografia. Casado com Léa, tem um filho e um neto.

Leila Santos, a **Leilinha**, é sobrinha de Leila e irmã de Arnaldo. Fez nutrição e belas artes. Participou do movimento estudantil e era filiada ao PCdoB. Foi perseguida e presa. Depois da militância recorreu à religião e se diz cristã protestante. Desligou-se ideologicamente do grupo e tomou outros caminhos na política. Tem um filho e dois netos.

Leila Santos Borges é tia de Arnaldo, a que entrou para a história de arma em punho, para enfrentar os agentes que queriam prender a sobrinha Leilinha, na casa 2 da Vila. É pediatria e atuou na preceptoria do serviço de pediatria do Hospital Salgado Filho e no Posto de Saúde do Flamengo. Aposentada no município, ainda trabalha no Hospital Federal Servidores do Estado. Começou a frequentar a Vila no fim dos anos 1960, participou de alguns movimentos políticos e conheceu o marido no ponto de ônibus do cursinho pré-vestibular. Com ele e Aloisio, desenvolveu atividades no Conselho Regional de Medicina. Casada com Serafim, tem três filhos e quatro netos.

Leonardo Rebacov, o **Léo**, é um bom exemplo das múltiplas relações no grupo. Ele entrou para a turma aos poucos. Primeiro, através de dois primos que eram da Faculdade de Medicina da UFRJ, conheceu a Angela. Depois, por intermédio da Beth, mulher do Bola, começou a namorar Célia, irmã da Bia, e virou frequentador assíduo da Colina, o prédio em que ela morava. Ali fez amizade com Arnaldo e Bira e depois conheceu Aloisio e Carlinhos, numa festa na casa 4 da Vila, com a presença de todo o pessoal da Colina. Também frequentou a casa da família Tibiriçá Miranda em Teresópolis e acompanhou o grupo numa travessia. Léo foi da UJP, formou-se em economia pela Universidade do Estado da Guanabara, a atual UERJ, teve uma fábrica de móveis e trabalhou como autônomo para o Instituto Brasileiro de Administração Municipal e a Secretaria Estadual de Indústria e Comércio do Rio de Janeiro. Viúvo de Célia, tem dois filhos.

Luís **Amauri** Pinheiro de Souza decidiu fazer jornalismo logo depois do período mais intenso da repressão. Em 1978, já formado, trabalhou no semanário alternativo *Movimento*, mas confessa que não viu muito futuro ali e buscou novos horizontes. Tomou parte em 1979 da campanha pela anistia e, no ano seguinte, do Comitê em Defesa da Amazônia. Nas eleições de 1982 colaborou na fracassada campanha de Miro Teixeira ao governo do estado. Voltou a tentar o jornalismo na *Luta Democrática* com Raul Azedo Neto, cujo filho havia militado com ele no DCE da UFF. Quando Raul deixou o jornal, Amauri foi demitido. Em 1984, nova mudança. Entrou para o Banerj: dois anos como caixa, dois anos como escriturário e dez anos como assessor de imprensa. Foi diretor do sindicato por uma gestão. Com a privatização do banco foi para a Fundação de Apoio à Escola Técnica (Faetec) e, de lá, para o Conselho Regional de Técnicos Industriais. Nos últimos 12 anos, trabalhou no Tribunal Regional do Trabalho, onde se aposentou. Amauri vive hoje em Belo Horizonte, com a mulher Izabel.

Luiz Antônio César, o **Quelé**, veio da Ence e foi parceiro de Dica e Geraldo na Oficina, a Távola Indústria e Comércio Objetivos Decorativos Ltda., uma espécie de comuna. Quelé a definia como um experimento do ponto de vista socialista, uma proposta de vida onde trabalharam Bola, Sancler, Posidônio, entre outros. Hoje milita no PSTU, o Partido Socialista dos Trabalhadores Unificado. Tem duas filhas e quatro netos.

Maria Alice Ramos Sena viveu dias difíceis no início dos anos 1970. Foi presa, segundo ela, para interrogatório e humilhação. Brigou com o pai e foi expulsa de casa. Decidiu logo depois sair do partido porque sempre teve uma visão crítica, não sabia se aquele era o caminho, apesar de curtir tudo o que viveu ali. Ficou sozinha e muito mal. Mesmo assim conseguiu fazer faculdade de letras até o último ano, quando trocou a literatura pela música, área que realmente queria. Dá aulas de música e lembra, emocionada, a reação de uma aluna, ao fim de uma apresentação. A menina disse que ela não ensinava apenas música, ensinava política. Na verdade, a aluna chamava a atenção para uma atividade que Maria Alice nem tinha noção que exercia: política é cuidar da cidade, das pessoas, cuidar da vida, diz ela. É o que fazia. E faz. Tem três filhos e dois netos.

Maria Alice Werneck **Genofre** atuou durante a ditadura distribuindo jornais clandestinos. Também recrutava gente para ajudar na distribuição e fixação de cartazes sobre o movimento. Nessa época conhecia apenas Aloisio, Carlinhos e Amauri. O restante do grupo, só no fim dos anos 70. É filiada ao PCdoB até hoje. Não foi presa, torturada nem exilada, mas sabia o que acontecia com a turma. Por isso, quando alguém fala de tortura, prefere se recolher. É médica neurofisiologista e trabalhou 30 anos no Instituto Fernandes Figueira, onde fez mestrado e doutorado. Hoje está aposentada. Tem três filhos e uma neta.

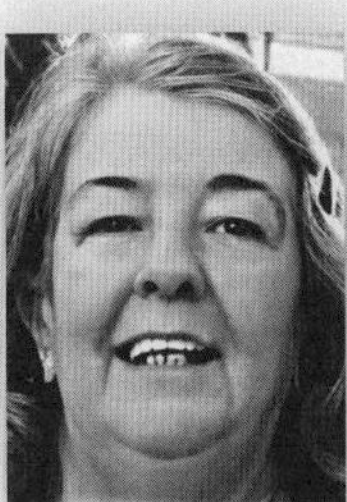

Maria de Fátima do Amaral, a **Chiquinha**, foi secundarista da Escola Nacional de Ciências Estatísticas. Conquistou o grêmio, engajou-se no PCdoB, integrou a Associação Metropolitana dos Estudantes Secundaristas, a Ames, e participou ativamente da União da Juventude Patriótica, a UJP. Formou-se técnica no início dos anos 1970. Empreendeu, com o então namorado Juca, uma fuga espetacular que durou dois anos e passou por várias cidades. Depois da tempestade trabalhou no então Banco Nacional, em São Paulo. Hoje está aposentada e mora no Rio. Curte artes em geral, uma boa música e um bom vinho. Tem uma filha.

Maria Valéria Sarmento Coelho da Paz, a **Belela**, alagoana como toda a família Sarmento da Paz, é irmã de Carlos Eugênio, o Clemente, de Valquíria e Valderez. Funcionária aposentada do Banco do Brasil, nem tinha concluído a faculdade de matemática, em São Paulo, quando passou no concurso para o banco. Ficou lá por 30 anos. Teve uma intensa atividade sindical e política. Como morou em Paris, pegou gosto pelo idioma, fez vários cursos na Aliança Francesa e assim trabalhou como tradutora de livros e artigos. Teve chances de viver no Rio, mas não quis. Virou paulista, está lá há 36 anos. A política? Não abandona, diz que até hoje é militante. Foi atuante no Banco do Brasil, numa época de muita luta e, como boa trotskista, está ligada ao PSTU. Tem dois filhos e quatro netos.

Miriam Bigio sofreu todo tipo de tortura e humilhação na prisão. Em 1975, mal terminara a faculdade de farmácia, onde conheceu Glauco, teve uma conversa decisiva com o pai dele, o doutor Aldo, grande sanitarista. Ele lhe deu um conselho: "Filhota, vai fazer saúde pública, você tem tudo a ver". Ela foi. Ingressou no fim da década de 1970 na Escola Nacional de Saúde Pública. Miriam fez especializações na Fiocruz e passou 20 anos em Cabo Frio, onde participou da implantação do SUS. No governo Brizola foi contratada como diretora de serviço naquela cidade. Indignada, diz que foi espionada pela repressão até 1988. Quando pediu o documento para o processo de anistia, encontrou uma observação em sua ficha que dizia: "Ela agora está fazendo subversão na Prefeitura de Cabo Frio". Além de farmacêutica, sanitarista e homeopata, também foi professora da rede estadual e faz parte, hoje, do Conselho Diretor da Associação Cultural José Martí de Solidariedade a Cuba. Apesar de nunca ter se filiado, identifica-se com o PCdoB. Tem cinco filhos e quatro netos.

Mônica Dezonne é filha de Bola e da Beth, ambos falecidos. Ainda que não seja contemporânea dos integrantes do Incrível Exército de Brancaleone, ela participa do grupo representando os pais. Nasceu em maio de 1982. Formada em administração, é bancária.

Osiris Gopfert Moreira é mais um egresso da Escola Nacional de Ciências Estatísticas. Trabalhou na Fundação Getulio Vargas, em Furnas e na Petrobras, onde se aposentou. Conheceu a turma através do Bira, colega no curso técnico da Ence, em 1968. Foi apenas simpatizante do grupo, não era filiado ao partido. Participava mais do que chama de "ala das baianas" do Incrível Exército de Brancaleone, a turma que se dedicava a conquistar montanhas. Anos atrás esteve no Vietnã e, visita obrigatória, foi ao mausoléu construído em homenagem a Ho Chi Minh. Osiris tem duas filhas e três netos.

Paulo Rogério dos Santos **Baía** é sociólogo, cientista político e professor da UFRJ. Também fazia parte do grupo da Ence. Embora aposentado, continua trabalhando como professor e pesquisador colaborador da universidade. Nasceu e foi criado em Marechal Hermes e entrou para o grupo através do Carlinhos e da turma da Ence – Bira, Chiquinha, Juca e Osiris. Participava das atividades do grupo da Vila, especialmente das caminhadas, das escaladas e dos acampamentos. Mora em Cabo Frio; é vizinho da Miriam. Tem uma filha e uma neta.

Regina Celie Simões Marques, a **Eném**, frequentadora fiel do Incrível Exército, foi filiada à Ubes e ao PCdoB quando jovem. É graduada em ciências sociais e mestre em ciência da informação. Dedicou a maior parte de sua vida profissional à área de documentação, em especial a arquivos históricos. Durante dez anos investiu numa outra área de sua paixão, a editorial. Entrou na Fiocruz por concurso em 2006 e trabalhou na revista *História, Ciências, Saúde – Manguinhos*, da Casa de Oswaldo Cruz, e depois no Departamento de Arquivo e Documentação da mesma unidade. Aposentada, Eném vive em Niterói com seu companheiro Pedro Paulo.

Regina Maria Moutinho conheceu Arnaldo na Colina, quando dividia apartamento com Célia e Bia. Casaram e se instalaram lá mesmo. Depois, se mudaram para Laranjeiras e hoje vivem em Petrópolis. Regina foi bancária e está aposentada. Participa do grupo de zap com o marido e é considerada uma das figuras mais discretas da turma.

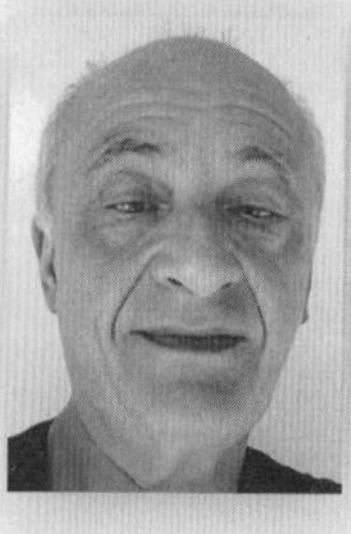

Ricardo Viana Sá, o **Dica**, é outro egresso da Ence e do condomínio da Colina. Participou do movimento dos secundaristas. Trabalhou no IBS, o Instituto Brasileiro de Siderurgia, mas por pouco tempo. Saiu de lá para criar, com Quelé e Geraldo, a Oficina, uma experiência de gestão anarcossocialista no período brabo da ditadura. Saiu da Oficina quando o pai construtor adoeceu, deixando obras por terminar. Optou por tocar o negócio da família. Desenvolveu também projetos com o irmão e outros arquitetos em Brasília. Foi o cinegrafista do filme que Bola fez sobre o bonde de Santa Teresa. Admite que teve divergências no grupo, com o pessoal que defendia posições radicais e a luta armada. Está aposentado e tem três filhos.

Serafim Borges é médico especialista em cardiologia e medicina do esporte e tem uma galeria de troféus em casa, por causa de seu trabalho no futebol. Entrou para o Flamengo na década de 1980 e prestou serviços também à seleção brasileira – quatro Copas do Mundo, um título de pentacampeão em 2002, mais duas Copas América e três Copas das Confederações. Acrescenta, sem modéstia, inúmeros títulos pelo Flamengo. Atuou no Conselho Regional de Medicina do Rio de Janeiro e, como dirigente sindical, critica a reforma trabalhista feita em 2017 por Michel Temer, que extinguiu a contribuição sindical obrigatória. Segundo ele, foi uma canalhice sem tamanho, por enfraquecer a atuação dos sindicatos, que passaram a enfrentar grandes dificuldades. Dá, como exemplo, o Sindicato dos Músicos, que vendeu até a geladeira porque não tinha como se manter. É casado com Leila.

Ubirajara Sotelino Soares, o **Bira**, estudou na Ence, na UFRJ e na Escola de Belas Artes. Ao sair da prisão, em 1972, estudou fotografia em cursos do Senac, o Serviço Nacional de Aprendizagem Comercial, e no ano seguinte passou a trabalhar como fotógrafo no estúdio de Márcio Madeira. Documentou de desfiles de moda a personagens como César Lattes e José Leite Lopes, físicos que criaram o CBPF, o Centro Brasileiro de Pesquisas Físicas. Desenvolveu um projeto de fotografia na lata, junto aos meninos da Divineia, comunidade na ilha do Fundão e morada de boa parte dos trabalhadores que construíram a Cidade Universitária. Hoje é fotógrafo da UFRJ. Fez, em suas próprias palavras, um "quase cinema" intitulado Conhesertão Viveredas, sobre o trajeto da cavalgada que Guimarães Rosa realizou em 1952. Planeja encarar um novo desafio: enveredar-se pelo sertão baiano para estudar a saga de Antônio Conselheiro e a guerra de Canudos. Bira tem três filhos do casamento com a escritora Leila Capella.

Valdemir Diniz, o **Duti**, fez parte da União Gonçalense de Estudantes, ligada à Ubes, e se dedicou principalmente a movimentos culturais. Por intermédio de sua então companheira Eliane, aproximou-se do Incrível Exército de Brancaleone ao participar de festas na casa do Paragua. Depois morou em Santa Teresa com a mãe de seus filhos e, na ocasião, conviveu com os moradores da Colina. Trabalhou com material de construção e teve também participação ativa no cenário musical carioca como componente de alguns grupos, entre eles o Mãos à Obra. Vive em Maricá com a atual esposa, Maria. Tem um casal de filhos e um neto.

Valério Rodrigues Caminha chegou à Vila no fim de 1968 porque o pai era amigo do casal Tibiriçá Miranda. Logo se enturmou. De 1968 a 1972, o grupo frequentou o sítio que ele chama de "sítio da mulher de pedra" e que a turma simplesmente trata de "sítio de Valério". Um refúgio em Teresópolis. Lá ocorreram importantes encontros, reuniões, festas e até casamentos. Era uma espécie de abrigo para o pessoal da Vila. Formou-se em engenharia mecânica e casou-se com Ivone, tia de Arnaldo.

Quanto à **Vila da Rua Ipiranga**, mudou bastante – duas portas gradeadas, com porteiros eletrônicos, protegem as entradas. O chão foi trocado: os paralelepípedos deram lugar a pedras portuguesas. As calçadas marginais não existem mais, porém a Vila está repleta de pequenas jardineiras diante das casas que, em busca de espaço, sacrificaram as simpáticas varandinhas nas respectivas entradas. Um zelador, o "faz-tudo" Jorge, cuida de toda a área. É um lugar tranquilo, calmo, silencioso. Não se vê crianças jogando bola ou jovens inquietos e festeiros combinando escaladas ou discutindo política. Mas continua acolhedora e parece preservar a alma dos tempos românticos, animados e agitados da turma brancaleônica. Alguns inquilinos mantêm acesa a chama revolucionária daquela época, carregam na memória lembranças vivas de luta e liberdade. A casa 4, onde morou a família Tibiriçá Miranda por quase 80 anos, passa por uma extensa reforma. Está surgindo uma outra casa 4, mais moderna, para abrigar dois jovens recém-casados da vizinhança. Que eles possam, quem sabe, honrar o legado deixado pelos antigos moradores e todos os agregados que fizeram dessa vila carioca uma barricada contra a ditadura no Brasil.

A GRANDE FAMÍLIA

BASTA

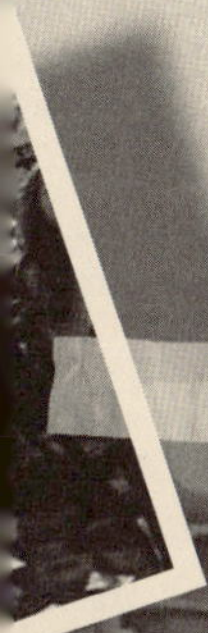

ATLANTIC

1,50

RIO SEM FUMO
PIZZAMAN LANCHES LTDA.

EM MEMÓRIA

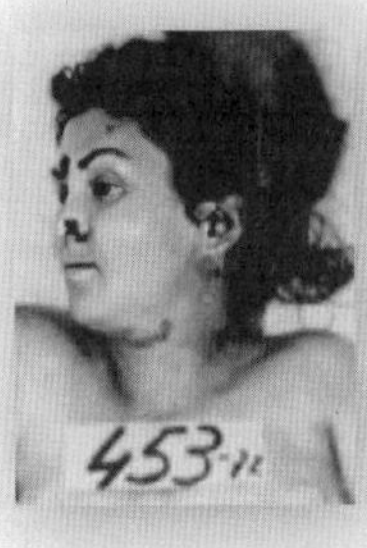

Gastone Lúcia Beltrão, militante da ALN, companheira de Iara na ocupação da Faculdade de Medicina da UFRJ em 1966 e na viagem-treinamento a Cuba. Foi assassinada pelo regime militar em janeiro de 1972. Era estudante, passou em terceiro lugar no vestibular para economia na Universidade Federal de Alagoas e pertenceu à Juventude Estudantil Católica. Morreu, não em tiroteio no bairro da Aclimação, em São Paulo, como anunciou a versão oficial, mas sim depois de ser capturada e torturada pelos agentes da repressão. Tinha 22 anos. Hoje é nome de rua e de escola em Maceió.

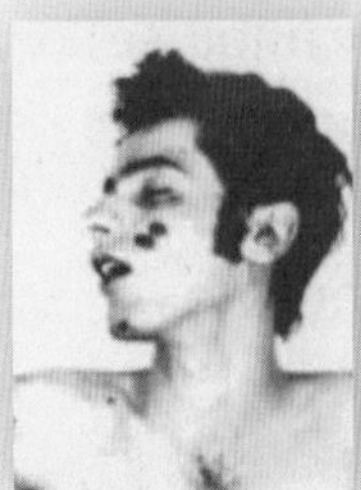

Alex de Paula Xavier Pereira, militante da ALN, irmão de Iara, assassinado pelo regime militar em janeiro de 1972. Foi diretor do grêmio do Colégio Pedro II e teve intensa atuação no movimento dos estudantes secundaristas. Filiou-se bem jovem ao Partido Comunista, depois seguiu Marighella na Aliança Libertadora Nacional e tornou-se líder de um Grupo Tático Armado da organização. Também fez treinamento em Cuba. A família levou 42 anos para identificar seu corpo, enterrado pela repressão como indigente e com nome falso. Tinha 23 anos.

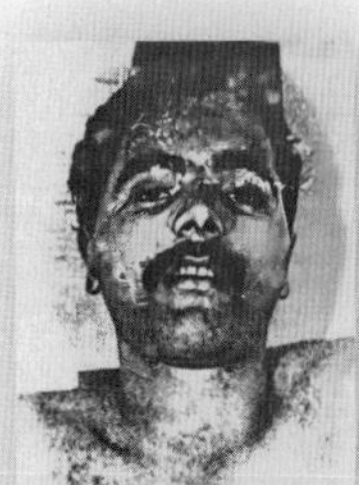

Iuri Xavier Pereira, militante da ALN, também irmão de Iara, assassinado pelo regime militar em junho de 1972, junto com Gelson Reicher. Estudou na Escola Técnica Federal. Foi para Cuba fazer treinamento de guerrilha em 1969 e voltou em 1970. Além de participar de várias operações da ALN, desenvolveu um trabalho de imprensa clandestina, criando os jornais *1º de Maio*, *Ação* e *O Guerrilheiro*. Tinha 24 anos.

Fernando Bertino, falecido em janeiro de 1998, formou-se em medicina e especializou-se em radiologia. Fernando não se envolveu com a política, mas teve um papel fundamental nas investigações sobre os mortos e desaparecidos da ditadura, ao radiografar as ossadas de Perus. Fernando deixou quatro filhos e, dos quatro netos, só conheceu Giulia, a primogênita de Andrea, primeira filha dele.

Victoria Elizabeth Dezonne Campos, a **Beth**, falecida em dezembro de 2013. Militante política, foi integrante da União da Juventude Patriótica (UJP) durante o movimento estudantil e filiou-se ao PCdoB. Estudou direito na UFRJ e era funcionária pública, aposentada pelo Tribunal de Justiça. Também exerceu atividades como antiquária. Casada com o Bola, teve três filhos com ele.

Jorge Ferreira, o **Bola**, falecido em outubro de 2018, formou-se na Escola Nacional de Ciências Estatísticas, mas seguiu carreira como jornalista, fotógrafo e cinegrafista de TV. Era casado com Beth e, além da militância, criou um grupo de montanhismo na Ence, os Corujas. Participou de alguns acampamentos memoráveis, como aquele na subsede do Parque de Guapimirim. Cansou da política, mas a parte lúdica do grupo, do humor, das fantasias, era com ele mesmo – como o carnaval da Bahia e a filmagem de *A onça e o bode*. Bola dirigia e atuava. Era a onça.

Carlos Eugênio Sarmento Coelho da Paz, o Clemente, falecido em junho de 2019 na cidade de Ribeirão Preto, São Paulo, onde vivia com a mulher Maria Cláudia Ribeiro. A repressão, que chegou a condená-lo à morte, nunca conseguiu prendê-lo. Foi integrante da Coordenação Nacional da ALN e se exilou na França, onde formou-se em composição e harmonia. Na volta ao Brasil deu aulas de música em escolas do ensino médio. Tinha 69 anos, estava filiado ao PSB. Tentou a carreira política, não se elegeu. Deixou dois livros com suas memórias, *Viagem à luta armada*, lançado em 1996, e *Nas trilhas da ALN*, de 1997.

Marcos Paraguassu de Arruda Câmara, o **Paragua**, falecido em abril de 2020. Graduado em arquitetura pela UFRJ, com mestrado em ciências sociais pela UFBA e doutorado em arquitetura e urbanismo pela USP. Era filho de Diógenes de Arruda Câmara, deputado federal eleito por São Paulo em 1947 e um dos fundadores do Partido Comunista do Brasil. Paragua dedicava-se às artes plásticas e deixou uma filha e três netos.

Wilson Rosa Monteiro, o **Beat**, era uma espécie de irmão de todos. Abrigava quem precisava de refúgio, como aconteceu na época em que hospedou Aloisio. Participava da militância contra o regime e documentava, com sua máquina fotográfica, as escaladas e caminhadas do grupo. Beat morreu em fevereiro de 2021, depois de sofrer duas intervenções cirúrgicas, uma no coração e outra no pulmão. Era casado com Carmen Aiolfi.

Fernanda de Kruse Villas Bôas, irmã de Glauco, formou-se em letras pela UFRJ. Professora de inglês, português e literatura, fez mestrado em comunicação também pela UFRJ, literatura pelo King's College, em Londres, e psicologia com especialização em psicologia junguiana. Durante o período mais violento da ditadura, viveu clandestina no Nordeste. Quando a situação se acalmou, voltou ao Rio de Janeiro e organizou encontros semanais da turma em seu apartamento, que ficou conhecido como Clube da Urca. Fernanda participou das gravações deste projeto e morreu em junho de 2022, aos 72 anos. Era sobretudo poetisa, com vários livros publicados. O último deles, *Em Carne Viva*, foi lançado depois de sua morte. Traz um trecho que reproduzimos aqui e encerra nosso tributo à geração que lutou e sofreu por um ideal.

Foram tantas
as queimaduras
Nos braços,
nas pernas
No rosto
Toquei em mim
Já não era meu corpo
De tantas dores
Não me restava
nada mais
Em carne viva
Olhei o mar
E chorei
A maldade
da humanidade

A LUTA E A UTOPIA

"O que eu gostaria de ser, escrevendo? Ser capaz de olhar o que não se olha, mas que merece ser olhado. As pequenas, as minúsculas coisas da gente anônima, a gente que os intelectuais costumam depreciar. Esse micromundo onde eu acredito que se alimenta de verdade a grandeza do universo. Ao mesmo tempo, ser capaz de contemplar esse universo. E através do buraco da fechadura, ou seja, a partir das pequenas coisas, ser capaz de olhar as grandes, os grandes mistérios da vida, o mistério da dor humana e o mistério da humana persistência nesta mania, às vezes inexplicável, de lutar por um mundo que seja a casa de todos, e não a casa de uns poucos e o inferno da maioria". (Eduardo Galeano, escritor e jornalista uruguaio, autor de *As veias abertas da América Latina*, obra que influenciou o pensamento latino-americano de esquerda. Foi preso pela ditadura uruguaia).

Perguntado se há espaço, no mundo de hoje, para a utopia, Eduardo Galeano deu a seguinte resposta: "Sim, no sentido que lhe deu Fernando Birri, numa frase que, injustamente, se atribui a mim. Estávamos em Cartagena das Índias, a belíssima cidade na costa colombiana. E fizemos uma palestra juntos na universidade. No fim, um dos estudantes se levantou e perguntou a ele, não a mim: 'Para que serve a utopia?'. E ele respondeu da melhor maneira, nunca ouvi uma resposta melhor. Ele disse que fazia esta pergunta todos os dias. 'Para que serve a utopia?'. Encontrou a resposta: a utopia está no horizonte. E se está no horizonte, nunca vou alcançá-la. Porque se caminho dez passos, a utopia vai se distanciar dez passos. Se caminho 20 passos, a utopia vai se colocar 20 passos adiante. Ou seja: sei que jamais, nunca, irei alcançá-la. Para que serve então? Para isso: caminhar".

Fernando Birri foi um cineasta, escritor e poeta argentino; acima de tudo, um visionário libertário, que jamais abriu mão de construir seus sonhos. Foi preso pela ditadura argentina.

Trechos da entrevista de Eduardo Galeano a Erick Nepomuceno, na série Sangue latino, *exibida no Canal Brasil.*

Na tela de Marcos Paraguassu, o Paragua, uma síntese de 50 anos de amizade, resistência, luta e utopia

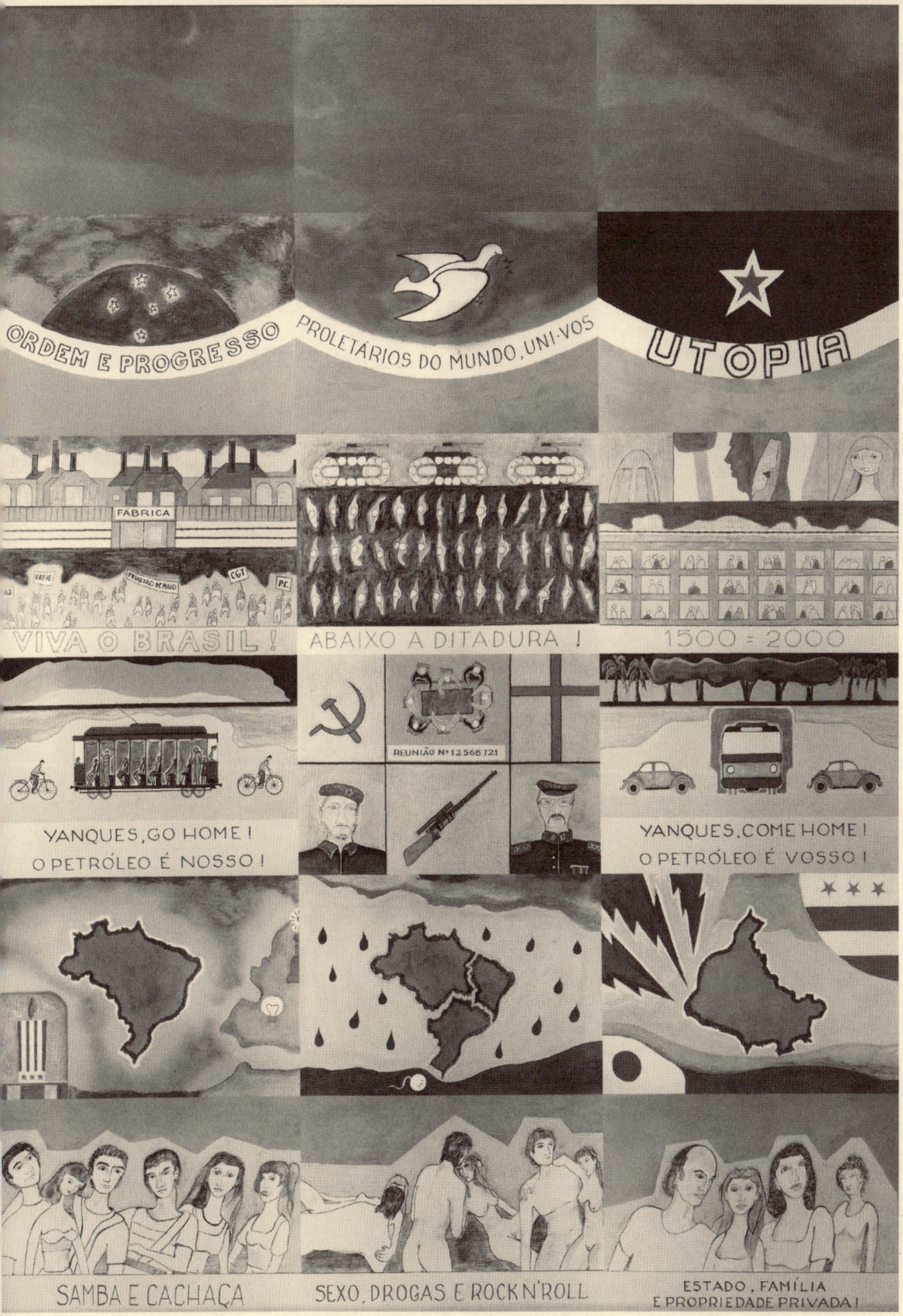

ORDEM E PROGRESSO
PROLETÁRIOS DO MUNDO, UNI-VOS
UTOPIA
FABRICA
GREVE
PRIMEIRO DE MAIO
CGT
P.C.
VIVA O BRASIL !
ABAIXO A DITADURA !
1500 = 2000
REUNIÃO Nº 12.568.721
YANQUES, GO HOME !
O PETRÓLEO É NOSSO !
YANQUES, COME HOME !
O PETRÓLEO É VOSSO !
SAMBA E CACHAÇA
SEXO, DROGAS E ROCK N'ROLL
ESTADO, FAMÍLIA
E PROPRIEDADE PRIVADA !

Este livro utilizou as fontes Freight e Museo. A primeira edição foi impressa na Gráfica Rotaplan, em papel Pólen Soft 80g, em março de 2025, 61 anos depois do golpe militar que levou o Brasil a viver os anos mais sombrios de sua história.